Die Checkliste für deinen Umzug - Gut organisiert und entspannt ins neue Zuhause

Von Irina Janzen,

Autorin für das Umzugsportal Moveria

1. Auflage 2017

Die Checkliste für deinen Umzug -
Gut organisiert und entspannt ins neue Zuhause

www.moveria.de

pixel-cat.com

ISBN:

9781549589300

VORWORT

Liebe Leserin, lieber Leser,

ein Umzug steht an. Herzlichen Glückwunsch! Und danke, dass du dich für dieses Buch entschieden hast.

Diese große Checkliste wird dir helfen, gut organisiert und entspannt ins neue Zuhause zu ziehen. Denn seien wir mal ehrlich: Nicht jeder ist von Natur aus ein Organisationstalent. Und gerade bei einem Umzug gibt es eine Menge zu erledigen. Das Risiko, etwas zu vergessen, ist dabei groß. Oder man weiß einfach etwas Wichtiges nicht. Denn so einen Umzug macht man ja nicht alle Tage.

Nicht selten passiert es zum Beispiel, dass jemand für den Umzug einen Umzugswagen mietet. Doch am Umzugstag fehlen freie Parkplätze vor der Haustür. Der Wagen muss dann am Ende der Straße geparkt werden. Die Umzugshelfer müssen die schweren Möbel und Kisten den weiten Weg schleppen und ärgern sich. Besser wäre es, eine Halteverbotszone direkt vor dem Hauseingang einzurichten.

Ein weiterer häufiger Fehler beim Umzug ist die Fehleinschätzung der benötigten Zeit für die einzelnen Aufgaben. Das Packen zum Beispiel dauert meist länger als man glaubt. Einen ganzen Tag pro Raum solltest du einplanen, wenn du deine Sachen gut geschützt verpacken willst, damit beim Transport nichts zu Bruch geht.

Beim Packen stoßen wir aber auch auf so einige Erinnerungsstücke. Ehe du dich versiehst, hast du zwei Stunden damit verbracht, alte Fotoalben, Urlaubskarten und Briefe durchzuschauen, anstatt diese Sachen sofort in Umzugskisten zu legen.

Was qualifiziert mich, dieses Buch zu schreiben?

Nein, ich bin keine Möbelpackerin und arbeite auch nicht bei einem Umzugsunternehmen. Meine Kenntnisse zum Thema Umzug habe ich vor Allem durch meine Arbeit als Kommunikationsmanagerin bei dem Umzugsportal Moveria gesammelt. Seit Frühjahr 2014 schreibe ich Umzugstipps, Blogartikel, erstelle Checklisten und unterhalte mich mit Menschen, die umziehen. Zudem bilde ich Partnerschaften mit Unternehmen, die Services jeglicher Art für umziehende Menschen anbieten.

Und natürlich bin auch ich selbst schon so einige Male umgezogen und habe meine eigenen Erfahrungen gesammelt. Schon in meiner Kindheit hat sich meine Familie angewöhnt, alle paar Jahre umzuziehen, bis das Eigenheim gebaut war. Doch kaum waren wir im eigenen Haus, war ich auch schon erwachsen und bin zum Studieren in eine andere Stadt gezogen – erst in eine WG, dann in eine andere WG. Dann bin ich zum meinem Freund gezogen. Danach war es Zeit für eine eigene Wohnung ohne Mitbewohner. Und dann kam der Umzug ins Ausland. Nach ein paar Jahren ging es zurück nach Deutschland und nur nach einem Jahr zog ich wieder ins Ausland, wieder in ein anderes Land.

Mittlerweile habe ich selber eine kleine Familie und durfte auch schon Erfahrungen im Umzug mit Kleinkind und Hund sammeln.

Eigentlich ist meine Umzugshäufigkeit gar nicht so ungewöhnlich. Sehr viele Menschen sind heutzutage aus beruflichen Gründen verpflichtet, flexibel zu sein und offen für andere Standorte. Und auch privat sind wir mobiler: gehen Beziehungen ein mit Menschen, die weit entfernt wohnen, für die es sich lohnt, in ihre Nähe zu ziehen. Wir ziehen in andere Städte, weil dort die Mietpreise niedriger sind. Wir ziehen in auch in andere Städte einfach so, weil wir sie schön finden. Die Liste für Umzugsgrüne kann noch sehr lange weitergehen.

Mit der Umzugshäufigkeit gewinnt man natürlich an Sicherheit: Wenn man einen Umzug häufig organisieren und durchführen muss, weiß man einfach, was zu erledigen ist und wie viel Zeit jede Aufgabe braucht. Doch die Menge an zu erledigenden Aufgaben wird dadurch nicht kleiner. Was du jetzt für deinen Umzug zu tun hast und wie du den Umzug am besten organisierst, erfährst du in diesem Buch.

Deine Irina

INHALT

1. EINLEITUNG

© Fotolia/ bluedesign

Bei der Umzugsorganisation ist immer viel zu erledigen. Fragen über Fragen schwirren einem im Kopf rum und die Angst, etwas vergessen zu haben. Wann fange ich mit dem Packen an? Was genau muss ich für den Umzugstag organisieren? Wen muss ich über den Umzug informieren? Eine gute Planung ist Voraussetzung für einen reibungslosen Umzug. Eine Umzugs-Checkliste ist dabei unerlässlich. Viele Menschen machen den Fehler, dass sie sich sofort auf die Umzugsvorbereitungen stürzen, ohne vorher zumindest im Kopf durchzuplanen, welche Tätigkeiten erledigt werden müssen und in welcher Reihenfolge. Die Gefahr, etwas zu vergessen und in Chaos zu geraten, ist bei dieser Methode sehr groß. Nimm dir also die Zeit für die Umzugsplanung. Mache es dir mit einer Tasse Kaffee oder Tee bequem und gehe den Umzug Schritt für Schritt durch. Je besser du den Umzug vorbereitest, desto schneller werden die einzelnen Aufgaben erledigt, und dir steht ein stressfreier Umzugstag bevor.

Um deine wertvolle Zeit nicht unnötig zu beanspruchen, halte ich diese Einleitung kurz und knapp. Was dich in diesem Buch erwartet, ist eine ausführliche Umzugs-Checkliste, die dich während der Zeit bis zum Umzug begleiten wird. Sie hilft dir, die Planung des Umzuges schrittweise und systematisch vorzugehen.

Sobald du deine neue Wohnung gefunden hast, kannst du mit dieser Checkliste starten. Sie führt dich schrittweise durch die verschiedenen Etappen der Umzugsvorbereitung. Im Idealfall hast du noch drei bis vier Monate Zeit bis zum Umzug. Du hast nicht mehr so viel Zeit? Keine Sorge: Ein Umzug lässt sich auch in kürzerer Zeit planen. Nimm also die Etappen „Drei Monate vor dem Umzug", "Zwei Monate vor dem Umzug", „Einen Monat vor dem Umzug", „Zwei Wochen vor dem Umzug", „Der Tag vor dem Umzug", „Der Umzugstag", „Der Tag nach dem Umzug" und „Die erste Woche nach dem Umzug" nicht allzu streng. Sie sind als Empfehlung gedacht.

Im Grunde gilt, je größer dein Haushalt ist, desto aufwändiger ist die Umzugsvorbereitung. Zudem kommt es auf dein Budget an. Hast du die Möglichkeit, professionelle Umzugshelfer zu beauftragen, wird dein Umzug wesentlich entspannter. Zum Glück sind die meisten Umzugsfirmen sehr flexibel und bieten verschiedene Pakete an.

Jeder Mensch ist individuell, jede Familie ist individuell, und infolgedessen ist auch jeder Umzug individuell. Es macht natürlich einen großen Unterschied, ob eine Singleperson umzieht oder eine vierköpfige Familie. Zudem sind manche Menschen eher minimalistisch eingestellt und entsorgen unbenutzte Sachen regelmäßig. Und andere sammeln gerne Alles für den Fall, dass sie es in Zukunft mal gebrauchen könnten.

Nach der großen Umzugscheckliste, die in verschiedene Etappen eingeteilt ist, findest du weitere Checklisten, die für dich eine Hilfe sein können. Je nach Lebenssituation, wirst du nicht alle Checklisten benötigen. Hast du keine Kinder, kannst du zum Beispiel die Kapitel „Umzug mit Kindern" sowie „Kindersicheres Zuhause" überspringen. Dann ist vielleicht eher das

Kapitel „Erstausstattung für die erste eigene Wohnung" interessanter für dich. Schaue dir die kommenden Checklisten an, nimm die Informationen, die dir für deinen persönlichen Umzug nützlich sein werden und stelle eventuell deine eigene, persönliche, Checkliste zusammen.

Der Umzug in eine neue Wohnung ist anstrengend, keine Frage. Doch du hast gerade mit dem wichtigsten Schritt begonnen, deinen Umzug gut organisiert und somit frei von Stress durchzuführen. **Viel Erfolg!**

2. DIE UMZUGSVORBEREITUNG IN ETAPPEN

© Can Stock Photo / gstockstudio

Ein Umzug ist ein wichtiges Lebensereignis, das früh organisiert werden sollte. Sicherlich braucht ein Umzug kein ganzes Jahr Planungszeit, so wie eine Hochzeit, aber mindestens drei Monate sind zu empfehlen, ungefähr so wie die Planung einer großen Geburtstagsfeier.

Aus eigener Erfahrung weiß ich, dass einem nicht immer drei Monate für die Umzugsplanung zur Verfügung stehen. Du findest zum Beispiel eine Wohnung, die bereits ab nächstem Monat frei ist. Doppelt Miete zahlen, in der aktuellen sowie in der neuen Wohnung, kannst du dir nicht leisten. Dann muss es schnell gehen.

Sei also nicht geschockt, wenn du hier liest, dass die Umzugsvorbereitung drei Monate vor dem Umzugstag zu beginnen ist. Teilst du die folgenden Aufgaben auf drei Monate auf, wird die Vorbereitungszeit stressfreier. Hast du allerdings nicht so viel Zeit, schaffst du die Aufgaben auch in wenigen Wochen. Du wirst allerdings auf andere Gewohnheiten und Hobbies während dieser Zeit verzichten müssen. Ist die Zeit besonders knapp, empfehle ich dir, einige Urlaubstage zu beantragen. Denn es ist viel zu tun.

2.1. DREI MONATE VOR DEM UMZUG

Mit der Organisation drei Monate vor dem Umzug zu beginnen, macht auf jeden Fall Sinn. Es mag auf den ersten Blick vielleicht ein wenig übertrieben wirken, mit der Planung schon so früh zu beginnen, jedoch ist eine gute Organisation für den problemlosen Ablauf eines Wohnungswechsels einfach unabdingbar. Ein Umzug kann einem schon auch mal den letzten Nerv rauben, aber mit guter Planung bist du der Herausforderung mit Sicherheit besser gewachsen. Bis zum Beladen des Umzugswagens dauert es zwar noch ein bisschen, aber hier erfährst du, welche Vorbereitungen du bereits während der frühen Organisation, drei Monate vor dem Umzug, treffen solltest.

☐ Mietvertrag der aktuellen Wohnung kündigen

Lies den Mietvertrag genau durch und achte dabei auf die notwendigen Informationen für deinen kommenden Auszug. Besonders wichtig ist die Einhaltung einer fristgerechten Kündigung der alten Wohnung. Die Frist sollte klar ersichtlich im Mietvertrag sein. Am besten setzt du aber bereits jetzt dein Kündigungsschreiben auf und unterrichtest deinen Vermieter vom geplanten Umzug.

Oft sind auch Hinweise zur Art der Übergabe der alten Wohnung im Mietvertrag verankert. Wie sauber muss die Wohnung sein? Müssen die Wände vor dem Auszug weiß gestrichen werden? Eventuell ist eine beigelegte Inventarliste enthalten, falls du die Wohnung möbliert übernommen hast. Die vertraglich festgelegten Vereinbarungen einzuhalten, ist notwendig, wenn du deine hinterlegte Kaution zur Gänze wieder zurückerstattet bekommen willst.

☐ Neuen Mietvertrag unterschreiben

Ist die Wahl bereits auf ein neues Mietobjekt gefallen, dann solltest du auch den neuen Mietvertrag schon früh vom neuen Vermieter erbeten. Lies ihn dir genau durch und gehe ihn Punkt für Punkt auch mit Vertrauenspersonen, noch besser mit einem Anwalt, durch. Wenn du dich schon so früh mit dem Mietvertrag auseinandersetzt, wirst du auch mehr Verhandlungszeit für etwaige Punkte haben, die du unter Umständen geändert, gestrichen oder hinzugefügt haben möchtest.

☐ Eventuell Nachmieter suchen

Viele Mieter glauben, sie müssten einen Nachmieter suchen, wenn sie aus einer Wohnung ausziehen wollen. Das ist nicht so. Möchtest du allerdings vor Beendigung der Kündigungsfrist ausziehen, könntest du mit deinem Vermieter absprechen, ob er einer vorzeitigen Kündigung zustimmen würde, falls du dich um die Suche des Nachmieters kümmerst. Vielen Vermietern kommt eine solche Vereinbarung entgegen, da sie sich die Immobilienanzeige sparen können. Und du kannst früher umziehen und vermeidest so doppelte Mietkosten.

☐ Lege ein genaues Umzugsdatum fest

Jetzt ist die Zeit, um einen genauen Termin für den Umzug festzulegen. Sobald ein Datum steht, kann nämlich auch besser geplant und organisiert werden. Schreibe am besten alle deine Aufgaben auf und teile diese auf die dir zur Verfügung stehenden Tage auf. Wichtig ist an dieser Stelle schon zu wissen, ob du mit einem Umzugsunternehmen umziehst oder dir von Freunden helfen lässt. Umzugsfirmen können einen günstigen Preis anbieten, wenn du den Umzugstag auf den Anfang oder die Mitte eines Monats und auch auf einen Wochentag von Montag bis Freitag legst. Ziehst du mit Freunden um, sollte es doch das Wochenende sein, da du kaum von ihnen erwarten kannst, für deinen Umzug Urlaub zu nehmen.

☐ Umzugsordner

Lege dir bereits jetzt einen Umschlag oder eine kleine Mappe zurecht, wo du sämtliche Bestellscheine, Belege und Rechnungen sammeln kannst, die etwas mit dem Umzug zu tun haben. Dann hast du bei der nächsten Steuererklärung alles sofort zur Hand. Zudem hilft dir solch ein Umzugsordner, alle Papiere gleich griffbereit zu haben, wenn du sie während der Umzugszeit benötigst.

☐ Umzugshelfer finden

Entscheide dich jetzt, ob du für deinen Umzug die Hilfe eines Umzugsunternehmens benötigst oder ob er auch mit der Unterstützung von Familie und Freunden machbar ist. Gerade in den Sommermonaten sind Umzugsunternehmen stark ausgelastet. Hast du vor, zum Monatsende umzuziehen, solltest du dich früh um eine Umzugsfirma kummern. Auch wenn du mit der Hilfe deiner Freunde umziehen willst, solltest du sie schon früh um die Hilfe bitten, damit sie den Tag für dich freihalten können. In diesem Fall sollte der Umzugstag auf ein Wochenende fallen.

☐ Urlaub für den Umzugstag beantragen

Möchtest du dir gerne ein oder zwei Tage Urlaub für den anstrengenden Wohnungswechsel nehmen, dann ist dies der perfekte Zeitpunkt, um diesen beim Arbeitgeber zu beantragen. Ein Urlaubstag ist zwar sicherlich kein Muss, kann aber extrem hilfreich sein. Ein Sonderurlaub wegen Umzug steht dir übrigens gesetzlich nicht zu. Aber vielleicht hat dein Arbeitgeber eine entsprechende Regelung. In der Personalabteilung oder beim Betriebsrat nachzufragen, könnte sich lohnen.

☐ Schule und Kindergarten

Wenn du Kinder hast, dann wird mit einem Umzug wahrscheinlich auch ein Schul- oder Kindergartenwechsel anstehen. Besonders Wunschkindergartenplätze in Ballungsräumen sind aber oft nicht ganz so einfach zu bekommen. Sobald der Umzugstermin entschieden ist, solltest du auch mit der Suche nach der passenden Schule oder des Kindergartens beginnen.

☐ DSL-, Telefon- und Kabelanschluss ummelden oder kündigen

Kann dein Telefon- und Internetanbieter am neuen Wohnort nicht die gleiche Leistung erbringen, darfst du außerordentlich kündigen. Häufig gilt allerdings bei einer Sonderkündigung des DSL- und des Telefonanschlusses eine Kündigungsfrist von drei Monaten. Daher solltest du dich unbedingt schon so früh darum kümmern, wenn du durchgehend mit Internet versorgt sein möchtest oder auch den Telefonanschluss nahtlos in der neuen Wohnung übernehmen möchtest.

☐ Plan für Renovierungsarbeiten erstellen

Erstelle dir eine Checkliste über die Dinge, die vor der Wohnungsübergabe noch repariert, verbessert oder erneuert werden müssen. Vielleicht möchtest du auch in der neuen Wohnung renovieren. Spreche dies mit deinem neuen Vermieter ab. Entscheide auch, welche Arbeiten du selbst erledigen willst und welche du lieber an einen Handwerker abgibst.

2.2. ZWEI MONATE VOR DEM UMZUG

Die Umzugsvorbereitungen gehen weiter. Die Aufgaben aus der vorherigen Liste, die du noch nicht erledigt hast, solltest du jetzt angehen. Das Datum für den Umzugstag sollte nun feststehen, und ein Plan für die weitere Umzugsplanung sollte gemacht sein. Je besser du im Kopf weißt, welche Aufgaben noch auf dich zukommen und wann sie ungefähr zu erledigen sind, desto entspannter kannst du sein. Während du dich bislang eher um Organisatorisches gekümmert hast, beginnt nun, etwa zwei Monate vor dem Umzug, auch die körperliche Arbeit.

☐ Beginne mit den Reparaturarbeiten

Die alte Wohnung muss für die Übergabe vorbereitet werden. Vor allem, wenn ein paar größere Reparaturprojekte ins Haus stehen, solltest du die Arbeit nicht bis zum letzten Moment hinauszögern. Lies unbedingt in deinem Mietvertrag, welche Renovierungsarbeiten beim Auszug notwendig sind.

☐ Stromversorgung im neuen Zuhause

Kümmere dich um die passende Stromversorgung für dein neues Zuhause. Wenn du verschiedene Stromanbieter vergleichst, anstatt einfach Strom vom lokalen Grundversorger zu erhalten, kannst du einige Euro sparen. Falls dein aktueller Stromanbieter auch im neuen Wohnort beliefern kann, solltest du das Unternehmen über den Umzug informieren.

☐ Umzugswagen reservieren

Wenn du ohne Umzugsunternehmen umziehst, dann musst du dich auch um Transportmöglichkeiten für dein Hab und Gut kümmern. Hole dir verschiedene Vergleichsangebote ein und reserviere den Umzugswagen schon im Voraus.

☐ Halteverbotszone bestellen

Nicht überall ist gleich vor der Haustür so viel Platz vorhanden, dass ein Transporter dort parken kann. Meist sind die Parklätze zumindest teilweise besetzt, gerade am Wochenende. Darum empfehlen wir, eine vorübergehende Halteverbotszone einzurichten. So gehst du sicher, dass am Umzugstag keiner in dieser Zone parkt und du stets einen Stellplatz für deinen Umzugswagen zur Verfügung hast. Die Halteverbotsschilder kannst du mieten.

☐ Termine für die Schlüsselübergaben vereinbaren

Wenn du weißt, wann du genau umziehst, kannst du schon jetzt die Termine für die Wohnungsübergabe mit deinem aktuellen Vermieter sowie mit dem neuen Vermieter vereinbaren. Bereite für diese Termine jeweils ein Übernahmeprotokoll vor, in dem der Zustand der Wohnung dokumentiert und von dem Vermieter und dir unterschrieben wird. An diesem Termin werden auch die Zählerstände von Gas, Wasser und Strom abgelesen.

☐ Entrümpelung von Keller, Garage und Dachboden

Je weniger Umzugsgut du in die neue Wohnung transportieren musst, desto schneller und günstiger wird der Umzug. Darum gehe jetzt schon in die Abstellräume und sortiere aus, was du gerne mitnehmen würdest, was du verkaufen möchtest, was gespendet werden soll und was reif für die Mülltonne ist. Achtung, Vieles wirst du nicht einfach in die Mülltonne vor der Haustür werfen dürfen.

☐ Sperrmüll bestellen

Im Laufe der Jahre in deiner Wohnung hat sicherlich das ein oder andere alte Möbelstück den Weg in den Keller gefunden. Das möchtest du auch nicht mit in die neue Wohnung nehmen und zum Verschenken oder gar Verkaufen ist es auch nicht mehr geeignet, da es schon auseinanderfällt. Dann solltest du nun bei deiner Stadtverwaltung einen Termin für eine Sperrmüllabholung vereinbaren.

☐ Sondermüll entsorgen

Durchsuchst du die Abstellräume, wirst du sicherlich auch auf Dinge stoßen, die weder in die Mülltonne noch in den Sperrmüll gehören. Kaputte Elektrogeräte zum Beispiel, Batterien, Farbdosen oder Altöl. Diese solltest du in die Annahmestelle deiner Kommune bringen.

2.3. EINEN MONAT VOR DEM UMZUG

Hast du bisher noch nicht begonnen, den Umzug zu planen, wird es jetzt höchste Zeit. Du hast nur noch einen Monat bis zum Umzug. Die Zeit reicht, um alle Umzugsaufgaben zu erledigen, aber nur, wenn du jetzt loslegst. Jetzt geht's los zum Einkaufen für den Umzug. Möchtest du neue Möbel für die neue Wohnung kaufen? Dann mache es auch am besten jetzt. Hinzu kommt noch etwas Papierkram, und du kannst schon anfangen, das Umzugsgut durch Ausmisten und Einlagern zu verkleinern.

☐ Verpackungsmaterial kaufen

Nun wird es Zeit, sich um genügend Verpackungsmaterial zu kümmern. Du brauchst Umzugskartons, Klebeband, Etiketten und dicke Filzstifte, Abdeckplanen, Schutzfolie und Packpapier. Was du sonst noch benötigst, erfährst du in der Umzugs-Shoppingliste im Kapitel „Die Einkaufsliste für den Umzug".

☐ Hilfsmittel für den Transport besorgen

Zusätzlich zum Verpackungsmaterial sind einige Transporthilfen für schwere Gegenstände ratsam. Kaufe oder leihe eine Sackkarre, mit der du nicht nur schwere Elektrogeräte transportieren kannst, sondern auch gleich mehrere Umzugskisten übereinandergestapelt. Musst du mit dem Umzugsgut Treppen auf- und absteigen, solltest du eine Treppensackkarre benutzen. Auch super für den Transport von großen Elektrogeräten oder sperrigen Möbelstücken sind Tragegurte. Um Möbel und andere Gegenstände im Umzugswagen abzusichern, solltest du zusätzlich noch Spanngurte kaufen.

☐ Einrichtung planen

Eventuell willst du neue Möbel kaufen. Plane genug Zeit dafür ein. Oft findet man nicht gleich, was man sucht und ein Besuch in verschiedenen Möbelhäusern ist ratsam. Diese haben zudem oft lange Lieferzeiten.

☐ Adressänderung

Zur Umzugsvorbereitung gehört auch einiges an Papierkram. Punkte, die du jetzt schon von deiner To-Do-Liste abarbeiten kannst, werden dir später mehr Zeit für die logistischen und körperlichen Herausforderungen des Umzugs einräumen. Dies ist ein guter Zeitpunkt, um einen Nachsendeauftrag bei der deutschen Post aufzugeben. Bekommst du auch von anderen Zustellungsunternehmen Post? Dann solltest du auch bei ihnen einen Nachsendeauftrag erteilen. So kommt auch nach dem Umzug deine Post an. Abo-Zeitschriften werden allerdings nicht weitergesendet. Schreibe die Verläge und Versandhäuser, von denen du Zeitschriften und Kataloge bekommst, also direkt an und informiere sie über deine Adressänderung.

Auch andere Institutionen sollen schon im Voraus von der Adressänderung unterrichtet werden, wie zum Beispiel Banken, Versicherungen, Finanzamt und Krankenkasse.

☐ Lagerraum finden

Falls du in der neuen Wohnung weniger Platz hast, solltest du überlegen, ob du Teile deines Hausrats einlagern kannst. Bei den meisten Selfstorage-Anbietern kannst du die Größe des Lagerraumes wählen.

☐ Entrümpeln in allen Räumen

In deinen Abstellräumen (Keller, Dachboden, Garage) hast du im besten Fall bereits ausgemistet und all die Sachen, die du nicht mit in die neue Wohnung nehmen willst, aussortiert. Nun sind die restlichen Räume an der Reihe. Gehe von Raum zu Raum und sortiere deine Sachen. Du wirst überrascht sein, wie viele Sachen du findest, die du schon lange nicht mehr benutzt. Weg damit. Mit einigen Schmuckstücken kannst du sogar Geld verdienen. Mache Fotos und stelle sie auf einen Online-Flohmarkt.

☐ Haftpflichtversicherung

Setze dich auch kurz mit der Frage zur Haftung bei Umzugsschäden auseinander. Hast du eine Hausratsversicherung, dann kannst du nachlesen, welche Versicherungsbedingungen beim Umzug herrschen. Eventuell zahlt es sich aus, noch eine Zusatzversicherung abzuschließen. Ziehst du mit der Hilfe eines Umzugsunternehmens um, haftet das Umzugsunternehmen im Schadenfall. Für den Inhalt der Umzugskartons ist allerdings derjenige verantwortlich, der packt. Packt das Umzugsunternehmen, ist das verpackte Umzugsgut mitversichert. Packst du, haftest du selbst für Schäden in den Kartons.

2.4. ZWEI WOCHEN VOR DEM UMZUG

Wer dich jetzt besucht, sieht auf den ersten Blick, dass du kurz vor einem Umzug stehst. Es stapeln sich Umzugskartons. Auf dem Boden liegt Packmaterial und Werkzeug und das Sofa ist bedeckt von Kleidung, Büchern und Papierordnern. Jetzt müssen ein paar wichtige Aufgaben erledigt werden, damit der Wohnortswechsel möglichst reibungslos über die Bühne geht. Seinen Lebensmittelpunkt in eine andere Wohnung oder ein Haus zu verlegen, ist eine große logistische Herausforderung. Gute Planung des gesamten Umzugsablaufes ist dafür unbedingt notwendig!

☐ Umzugskartons packen

Beginne jetzt schon damit, diverse Habseligkeiten umzugsgerecht zu verpacken. Halte aber noch Abstand davon, tägliche Gebrauchsgegenstände in Kisten verschwinden zu lassen. Die Kaffeemaschine hat zwei Wochen vor der dem Umzug noch nichts in einer Kiste verloren. Bücher, Winterkleidung und Zeitschriftensammlungen können aber schon umzugsfertig gemacht werden. Du bekommst so auch ein gutes Gespür dafür, ob das besorgte Umzugsmaterial ausreicht.

☐ Umzugskartons beschriften

Immer, wenn du eine Umzugskiste gepackt hast, nimm gleich einen Stift und schreibe auf alle Seiten den Raum, in den die Kiste am Umzugstag getragen werden soll. Sind die Umzugskisten geliehen oder überlegst du dir, sie nach dem Umzug zu verkaufen, dann benutze lieber Etiketten, auf die du den Raum und den groben Inhalt des Kartons schreibst. Das Etikett klebst du an die Seite des Umzugskartons und stellst ihn so ab, dass er nicht im Weg steht.

☐ Transportwege ausmessen

Nimm den Maßstab zur Hand und miss alle Türbreiten, Flurbreiten und Treppenhausbreiten ab. Somit kannst du sicher gehen, dass die gewünschten Möbelstücke auch ohne weiteres durch den engen Flur oder den Türrahmen passen. Außerdem vermeidest du dadurch böse Überraschungen am Umzugstag und kannst schon früh nach notwendigen Lösungsansätzen suchen.

Die Länge der Transportwege ist oft wichtig, wenn du ein Umzugsunternehmen engagierst. Diese muss man bei der Auftragserteilung oft mit angeben.

☐ Umzugshelfer rückbestätigen

Falls du eine Umzugsfirma mit dem Wohnortswechsel beauftragt hast, dann ist dieser Punkt wahrscheinlich nicht so wichtig. Verlässt du dich aber auf die Hilfe deiner Freunde und Familie, dann rufe noch einmal jeden an und lass dir die zugesagte Hilfe bestätigen. Damit vermeidest du am Umzugstag, ohne genügend helfende Hände dazustehen.

☐ Nachbarn vom bevorstehenden Umzugstag unterrichten

Dies gilt sowohl am neuen als auch am alten Wohnort. Solltest du in ein Mehrparteien-Haus umziehen, dann ist es eine respektvolle Geste von dir, den Umzug schon vorab am schwarzen Brett auszuhängen. So vermeidest du vor allem auch, dass du einen schlechten Start mit zukünftigen Nachbarn haben wirst.

☐ Skizze der neuen Wohnung machen

Es empfiehlt sich, eine Skizze der neuen Wohnung zu machen. Diese gibst du am Umzugstag deinen Helfern, so dass sie die Umzugskartons und die anderen Sachen in den richtigen Raum bringen können. Es hilft auch, Schilder mit Din A4 Papier zu machen, auf die du die Namen der Räume schreibst. Diese klebst du für den Umzugstag an die jeweiligen Türen in der neuen Wohnung. So wissen die Helfer gleich, um welches Zimmer es sich handelt, wenn sie es betreten.

☐ Babysitter organisieren

Hast du Kinder, ist es super, sie an den Umzugsvorbereitungen teilhaben zu lassen. Sie können viele ihrer Sachen selbst packen und auch bei leichten Aufgaben mithelfen. Am Umzugstag selbst sind sie allerdings bei den Großeltern oder bei der Patentante besser aufgehoben. Kläre schon jetzt, wer sich an dem Tag um sie sorgen kann.

☐ Sitter für die Haustiere organisieren

Auch wenn du Haustiere hast, ist es besser, sie bei einer vertrauten Person zu lassen, als dass sie den ganzen Trubel am Umzugstag miterleben. Ein Umzug kann sehr stressig für Haustiere sein. Versuche, den Wohnortswechsel so angenehm wie möglich für sie zu gestalten.

☐ Wohnungsübernahme

Häufig passiert dies erst am Tag vor dem Umzug oder sogar am Umzugstag selbst. Besser ist es aber, die Schlüsselübergabe in der neuen Wohnung bereits ein paar Wochen vor dem Umzug zu erledigen. Vergiss nicht, die Wohnung dabei gut auf etliche Schäden zu durchsuchen, Fotos zu machen und den Zustand der Wohnung in einem Übernahmeprotokoll zu dokumentieren. Dieser sollte vom Vermieter und von dir unterschrieben werden. So kannst du dir einige Schwierigkeiten beim Auszug ersparen, wenn es Zeit ist, die hinterlegte Kaution zurückzubekommen.

☐ Renovieren

Hast du bereits die Schlüssel zu der neuen Wohnung, ist jetzt der perfekte Zeitpunkt für Renovierungsarbeiten. Die Wohnung ist noch leer. So kannst du die Wände streichen ohne zuerst Möbel zu schieben und zu verdecken. Auch ein neuer Boden lässt sich so viel leichter legen.

☐ Sperrmüll abgeholt?

Jetzt ist die Zeit, in der du dich von allem Müll befreien solltest. Denn diesen willst du nicht mit in die neue Wohnung nehmen. Lasse den Sperrmüll abholen. Hast du noch Elektromüll oder Giftmüll, bringe diesen in die Sammelstelle.

☐ Licht in der neuen Wohnung

Du möchtest nicht in eine dunkle Wohnung ziehen. Vergewissere dich, dass der Strom in der neuen Wohnung am Umzugstag funktioniert.

☐ Lebensmittel aufbrauchen

In der letzten Woche vor dem Umzug solltest du zumindest die verderblichen Lebensmittel aufbrauchen und keine großen Einkäufe im Supermarkt mehr machen. Denke daran: Je weniger du hast, desto weniger musst du in die neue Wohnung schleppen. Plane am besten für die kommenden Tage genau ein, was du essen wirst, und kaufe nur diese Lebensmittel ein. Auch für die ersten Tage in der neuen Wohnung solltest du etwas zu Essen kaufen. Aber auch vom Lieferservice darf in diesen Tagen natürlich Gebrauch gemacht werden.

☐ Wäsche waschen

So ganz lässt es sich nicht vermeiden, dass auch schmutzige Wäsche mit in die neue Wohnung mitgenommen werden muss. Versuche aber, ihre Menge einzuschränken und wasche in der letzten Woche vor dem Umzug noch einmal alle dreckigen Sachen, falte sie und packe sie in Umzugskartons.

☐ Möbel abbauen

Die Schränke und Kommoden, die bereits leer sind, kannst du abbauen oder gut mit Schutzfolie oder Schutzdecken umwickeln. Beim Abbau achte darauf, die Schrauben von verschiedenen Möbelstücken nicht zu mischen. Am besten kaufst du kleine, verschließbare Tüten. Nun legst du die Schrauben je eines Möbelstücks in eine Tüte, verschließt sie und klebst sie an das Möbelstück. Hat das Möbelstück Schrauben verschiedener Größen, ist es auch eine gute Idee, kleine bunte Sticker je auf die Schraube und auf das zugehörige Loch zu kleben. So weißt du hinterher beim Zusammenbauen, dass die Schraube mit dem blauen Sticker in das Loch mit dem blauen Sticker gehört.

2.5. DER TAG VOR DEM UMZUG

Morgen ist der große Tag. Das heißt für heute viel Arbeit. Viele Aufgaben können einfach nicht früher erledigt werden als am Tag vor dem Umzug. Der Kochtopf, der fast täglich gebraucht wird, ist noch nicht verpackt und die Kaffeemaschine natürlich auch nicht. Das Bett steht noch aufgebaut, denn es wird ja noch zum Schlafen verwendet. Nun gilt es, alles das zu erledigen, was bisher noch nicht ging, um für den Umzugstag morgen möglichst gut vorbereitet zu sein. Gehe diese Umzugscheckliste noch einmal durch und auch deine persönliche To-Do-Liste, falls du eine hast. Lehne dich auch zurück und gehe den morgigen Tag in Gedanken Schritt für Schritt durch. Plane auch ein paar Alternativen ein, falls etwas nicht nach Plan läuft.

☐ Packe die restlichen Sachen

Jetzt kannst du alle restlichen Sachen, die du heute, am letzten Tag vor dem Umzug, nicht mehr brauchst, in Umzugskartons legen. Plane dazu die nächsten Tage gut ein und habe im Kopf, welche Sachen du in den kommenden Tagen verwenden wirst. Je besser du packst, desto weniger Arbeit hast du nach dem Umzug. Denn du musst nicht gleich am ersten Tag alle Umzugskartons auspacken, um an eine bestimmte Sache zu kommen, die du in dem Moment brauchst.

☐ Packe einen Umzugs-Startkoffer

Während du die letzten Sachen packst, wirst du einige Dinge in die Hand nehmen, die du zwar heute nicht mehr brauchst, aber vielleicht morgen nach dem Umzug oder in den Tagen danach. Diese Sachen solltest du in einen separaten Umzugskarton packen. Du kannst dafür auch deinen Urlaubskoffer benutzen. Er wird sogar sehr ähnlich gepackt wie für einen Kurzurlaub: Handtücher, Unterwäsche für ein paar Tage, Shampoo und andere Pflegeartikel, Toilettenpapier, Bettwäsche, ein paar Küchenutensilien – also alles das, was du in den kommenden zwei, drei Tagen brauchen wirst. Hinein kommen auch wichtige Dokumente und Schlüssel. Packe einen Startkoffer oder Startkarton pro Familienmitglied und noch einen gemeinsamen. Stelle diese Koffer beiseite. Denke daran, dass diese mit im Auto mitfahren, nicht im Umzugswagen. Eine gute Idee ist auch, eine Flasche Sekt oder Wein mit einem Korkenzieher mit einzupacken. So könnt ihr gleich nach dem Umzug anstoßen, ohne alle Kisten nach dem Flaschenöffner durchsuchen zu müssen.

☐ Verpflegung für die Helfer vorbereiten

Fahre jetzt noch einmal in den Supermarkt und kaufe Getränke und etwas zu Essen für deine Umzugshelfer ein. Bereite die Mahlzeiten schon mal vor.

☐ Transport planen

Plane, in welcher Reihenfolge dein Umzugsgut transportiert werden soll. Gerade, wenn du Hilfe von Freunden und Familie bekommst, sollten deine Helfer ein genaues Briefing erhalten. Kopiere einen Grundriss der neuen Wohnung, damit die Helfer wissen, wo welche Zimmer sind. Plane jetzt auch, wer welche Aufgaben erledigen kann. Bestimme einen Helfer als deinen Assistenten, der über alles Bescheid weiß und den anderen gute Anweisungen geben kann. Je genauer du den Umzugstag planst, desto stressfreier wird er verlaufen. Sei aber auch darauf vorbereitet, dass es nie 100prozentig nach Plan läuft. Das ist OK. Sei flexibel und sieh es etwas locker.

☐ Transportwege frei räumen

Der Transportweg von der Wohnung bis zum Umzugswagen sollte so gut es geht von Stolpersteinen und Hindernissen befreit sein. Lass zum Beispiel keine Umzugskisten direkt im Eingangsbereich stehen. Sicherheit geht vor und weniger Stolperquellen machen die Schlepperei auch einfacher zu bewältigen.

☐ Überprüfe das Treppenhaus

Überprüfe das Treppenhaus auf Schäden. Fotografiere diese. So kannst du vermeiden, dass der Vermieter später dir die Schuld für bereits vorher vorhandene Schäden gibt. Ist die neue Wohnung nicht zu weit entfernt, fahre auch dahin und prüfe den Zustand des Treppenhauses.

☐ Fußböden schützen

Lege Fußböden und Einbauten mit einer Schutzplane aus, damit diese beim Transportieren von Gegenständen nicht beschädigt werden können.

☐ Hole den Umzugswagen ab

Hast du den Umzugswagen bereits für heute reserviert, war das eine kluge Entscheidung. Eine Sache weniger zu erledigen am Umzugstag selbst.

☐ Handy laden

Sorge dafür, dass du am Umzugstag erreichbar bist. Vergiss nicht, am Vortag das Handy zu laden.

☐ Gehe früh schlafen

Schlafe vor dem Umzug nochmal ordentlich aus. Du wirst am nächsten Tag früh aufstehen müssen und viel Energie und Kraft brauchen. Schlaf gut!

2.6. DER UMZUGSTAG

Ein Umzugstag ist meist mit harter Arbeit und auch gewissen Nervenzerreisproben verbunden. Es kann mit guter Vorbereitung aber auch deutlich einfacher von der Hand gehen, als man das anfangs vielleicht glaubt. Ein Umzugstag mit reibungslosem Ablauf wird es dir ermöglichen, den Wohnortswechsel vielleicht sogar genießen zu können. Heute beginnt ein neuer Lebensabschnitt für dich in einem neuen Wohnort. Neue Chancen und neue Erlebnisse eröffnen sich für dich. Stehe diesen Veränderungen mit einer positiven Einstellung gegenüber.

☐ Habe wichtige Dokumente zur Hand

Wichtige Dokumente, die auf keinen Fall im Umzugschaos verloren gehen dürfen, sollten in Reichweite gehalten werden. Verstaue diese Unterlagen nicht in einem Umzugskarton, der von vielen verschiedenen Händen von A nach B transportiert wird. Dokumente wieder zu beschaffen, wenn sie denn einmal verloren sind, kann sehr zeitraubend und auch kostspielig werden. Am besten, du packst die Dokumentenmappe mit in deinen Startkoffer.

☐ Umzugs-Startkoffer fertig packen

Der Survival-Kit für den Umzugstag wird erst am Umzugstag fertig gepackt. Die Zahnbürste und Hygieneartikel, die du in der Früh noch im alten Zuhause verwendet hast, wirst du auch am Abend wieder in der neuen Wohnung brauchen. Daher gehören diese Dinge auf jeden Fall in die "Überlebenstasche".

☐ Müllentsorgung

Bevor die Umzugshelfer kommen, sollte die Wohnung frei von sämtlichem Müll sein. Bringe die Mülltüten raus und achte auf dem Weg darauf, dass auch die Transportwege frei von sämtlichen Gegenständen sind, die für die Helfer zu Stolpersteinen werden könnten.

☐ Verpflegung bereitstellen

Die Helfer sind gleich da. Zeit, den Kaffee zu kochen und die Getränke bereit zu stellen. Später kannst du dann etwas zu Essen dazu stellen. Vor allem, wenn du mit der freiwilligen Hilfe von Freunden und Familie umziehst, ist das quasi ein ungeschriebenes Gesetz beim Umzug. Auch, wenn du ein Umzugsunternehmen beauftragt hast, ist es ein Zeichen von gutem Willen, wenn du zumindest genügend Getränke zur Verfügung stellst.

☐ Taue den Kühlschrank auf

Spätestens jetzt ist es Zeit, den Kühlschrank aufzutauen, wenn du ihn mit in die neue Wohnung nehmen willst. Bleibt er stehen, kannst du dies am Ende des Umzugstages machen, um ihn morgen zu reinigen.

☐ Sei erreichbar

Sei erreichbar: Gehe sicher, dass alle Umzugsbeteiligten deine Handynummer eingespeichert haben und, dass dein Handy voll aufgeladen ist. Treten etwaige Probleme oder Komplikationen auf, dann ist Kommunikation zwischen den Umzugshelfern und dir sehr wichtig.

☐ Halteverbotszone eingerichtet?

Überprüfe, ob die Halteverbotszone nach Plan eingerichtet wurde. Du wirst diesen Stellplatz brauchen, um die Transportwege möglichst kurz zu halten und um unnötig Zeit für die Parkplatzsuche zu vermeiden.

☐ Letzte Möbel abbauen

Hast du bis heute noch das Bett und die Kommode benutzt? Dann baue diese nun ab und umwickle sie mit Schutzfolie. Die Möbelstücke, die in der alten Wohnung zuletzt abgebaut werden, sollten in der neuen Wohnung zuerst wiederaufgebaut werden. Denn das Bett willst du sicherlich auch in der nächsten Nacht wieder verwenden. Klebe am besten eine Notiz an diese Möbelstücke, damit die Helfer Bescheid wissen.

☐ Umziehen mit Musik

Die Umzugshelfer sind da. Ziehst du mit der Hilfe von Freunden um, ist dies ein freudiges Ereignis. Wann war das letzte Mal, dass ihr alle zusammen etwas unternommen habt? Sorge für gute Laune. Musik wird dir dabei helfen. So macht der Umzug Spaß und fühlt sich so gar nicht nach Arbeit an.

Ziehst du mit einem Umzugsunternehmen um? Noch schöner. Jetzt kannst du dich entspannen und den Transport der schweren Dinge den Umzugsprofis überlassen. Du selbst solltest dich aber um den Transport von deinem Startkoffer, Pflanzen und Tieren kümmern.

☐ Begutachtung der Habseligkeiten

Hast du nach dem Umzug noch Energie, kannst du alle deine Sachen nach Schäden untersuchen. Dies ist insbesondere wichtig, wenn du mit einem Umzugsunternehmen umgezogen bist, das auch für dich gepackt hat. Der Reklamationszeitraum beträgt in vielen Fällen nur 24 Stunden.

2.7. DER TAG NACH DEM UMZUG

Die Kistenschlepperei ist endlich vorbei. Du bist in deinem neuen Zuhause angekommen. Würdige den ersten Tag ganz besonders. Rom wurde auch nicht an nur einem Tag erbaut und es muss auch nicht alles am ersten Tag im neuen Zuhause erledigt werden. Belohne dich für die erledigte Arbeit mit Ausschlafen und einem besonders guten Frühstück oder Brunch – Du hast es verdient! Doch einige Dinge müssen dann doch noch gemacht werden, falls nicht bereits am Vortag erledigt. Keine Sorge, nicht alle der folgenden Punkte müssen am gleichen Tag erledigt werden. Siehe es als Vorschläge. Du wirst selbst am besten wissen, welche Aufgaben sofort erledigt werden sollten und welche noch ein paar Tage warten können.

☐ Das Umzugsgut überprüfen

Prüfe das Umzugsgut auf Schäden, falls nicht schon am Vortag erledigt. Viele Versicherungen haben eine sehr kurze Zeitspanne für Schadensmeldungen.

☐ Endreinigung

Fahre nochmal zurück in die alte Wohnung und reinige die Wohnung und das Treppenhaus. Achte dabei auf die Vereinbarungen im Mietvertrag. Soll die Wohnung „besenrein“ übergeben werden, solltest du grob reinigen

☐ Nach Schäden prüfen

Überprüfe dabei in der Wohnung und im Treppenhaus, ob neue Schäden durch den Umzug entstanden sind.

☐ Zählerstände überprüfen

Lese Strom-, Gas- und Wasserzähler ab. Dein Mietverhältnis nimmt heute ein Ende und du solltest wissen, welcher Verbrauch dir zuzuweisen ist.

☐ Briefkasten entleeren

Beim ganzen Umzugsgeschehen vergisst man schnell Dinge, die man sonst täglich tut: Wie zum Beispiel, den Briefkasten zu entleeren. Denke daran, deine letzten Briefe mitzunehmen und lege den Briefkastenschlüssel an einen sicheren Ort. Du wirst ihn bei der Wohnungsübergabe brauchen.

☐ Montiere deine Namensschilder ab

Dein Namensschild an der Eingangstür wird nicht mehr benötigt. Montiere diesen ab, falls es der Vermieter erlaubt. Viele Wohnungsgesellschaften haben einheitliche Namensschilder und kümmern sich um ihre Montage und Entfernung.

☐ Schlüsselübergabe

Nun bist du fast bereit, die alte Wohnung zu verlassen. Nur eine wichtige Aufgabe ist noch zu erledigen: Die Wohnungsübergabe. Bei dieser Schlüsselübergabe mit dem Vermieter solltest du ein Protokoll über den Zustand der Wohnung führen und dieses vom Vermieter unterschreiben lassen.

☐ Namensschilder im neuen Zuhause anbringen

Bringe im neuen Wohnort Namenschilder an die Klingeln und an den Briefkasten an.

☐ Durchlüften und Reinigen

Bevor noch alle deine Möbelstücke aufgebaut und Umzugskisten ausgeräumt sind, kannst du die Gunst der Stunde dafür nützen, die gesamte Wohnung gründlich zu reinigen. Willst du die Wandfarbe auffrischen oder ändern? Dann ist das der richtige Moment dafür. Und einmal gut durchlüften muss auch sein.

2.8. DIE ERSTE WOCHE NACH DEM UMZUG

Das Schwerste ist geschafft. Jedoch gibt es noch einige Sachen zu erledigen und so ganz ist der Alltag auch noch nicht wieder eingekehrt. Einige wichtige Aufgaben sollten unbedingt innerhalb der ersten Woche im neuen Zuhause erledigt werden.

☐ Erhole dich

Der Umzug war anstrengend. Genieße es jetzt, die restlichen Aufgaben ohne Zeitdruck zu erledigen. Du musst nicht alle Sachen an einem Tag einräumen und für die Einrichtung und Dekoration kannst du dir Zeit lassen.

☐ Wohnsitz ummelden

Für eine Aufgabe hast du allerdings doch Zeitdruck: Du hast in den meisten Gemeinden und Städten eine Woche Zeit, deinen Wohnsitz umzumelden. Nimm dir also die Zeit und gehe zum Einwohnermeldeamt deiner neuen Stadt. Bringe unbedingt deinen Personalausweis und Reisepass mit.

☐ Möbel aufbauen

Baue deine Möbel wieder auf. Organisiere dir dazu einen oder zwei Helfer.

☐ Auspacken und Einrichten

Im Verlauf der ersten Wochen sollten langsam aber sicher all deine Besitztümer ihr neues Zuhause finden. Packe die letzten Umzugskartons aus und mache die neue Wohnung zu einem echten Zuhause.

☐ Kaution zurückbekommen?

Prüfe, ob der Vermieter der alten Wohnung die Kaution ausbezahlt hat. Erinnere ihn daran, falls nötig.

☐ Nachbarschaft erkunden

Erkunde deine Nachbarschaft. Wo sind der nächste Supermarkt, der Bäcker, die Post und ein gemütliches Café? Was gibt es sonst noch?

☐ Lerne deine neuen Nachbarn kennen

Klopfe an die Tür deiner Nachbarn und stelle dich vor. Es ist immer ratsam, zu wissen, wer nebenan wohnt.

☐ Danke an die Helfer

Bedanke dich bei deinen freiwilligen Umzugshelfern. Sie haben eine tolle Arbeit geleistet und dir einige Umzugskosten erspart.

☐ Genieße dein neues Zuhause

Nun ist die Zeit gekommen, sich zurückzulehnen und sich auszuruhen. Mache es dir schön und gemütlich im neuen Zuhause. Dekoriere die Wohnung nach deinem Geschmack und ordne deine restlichen Habseligkeiten in den Schränken ein. Koche dein Lieblingsgericht oder bestelle Essen. Entspanne dich auf dem Sofa und lass es dir gut gehen in deiner neuen Wohnung. Denn die Organisation der ersten Woche nach dem Umzug ist abgeschlossen.

☐ Einweihungsparty planen

Du bist umgezogen und das soll gebührend gefeiert werden. Fange an, eine Einweihungsparty zu organisieren. Plane zunächst den Tag, überlege dann, wen du dabei haben möchtest. Es ist eine gute Idee, auch die neuen Nachbarn einzuladen. So kannst du sie besser kennenlernen und vermeidest gleichzeitig Beschwerden wegen Partylärm.

3. DAS RICHTIGE UMZUGSUNTERNEHMEN BEAUFTRAGEN

© Can Stock Photo Inc. / Andres

Du hast dich entschieden, ein Umzugsunternehmen für deinen Umzug zu beauftragen? Herzlichen Glückwunsch. Ein gutes Umzugsunternehmen hat sehr viel Erfahrung mit großen und kleinen Umzügen. Es gehen dir echte Profis zur Hand. Dir steht ein deutlich angenehmerer Umzugstag bevor als bei einem eigenständigen Umzug. Wenn du alles selbst in die Hand nimmst, ist der Umzug zwar billiger, aber deutlich stressiger und zeitintensiver.

Trotzdem sollten einige Dinge beachtet werden, wenn du einen Dienstleistungsanbieter für dein Umzugsvorhaben auswählst. Besonders eine gute Information im Vorfeld und klare Angaben zu deinen Wünschen ermöglichen einen reibungslosen Ablauf des Umzugstages.

Diese detaillierte Checkliste speziell zum Thema Umzugsunternehmen ist in drei chronologische Bereiche eingeteilt:

1. Was muss im Vorfeld beachtet werden? Die richtige Firma wählen, das richtige Paket-Angebot für dich aussuchen, Termin vereinbaren und auch bestätigen lassen – alles das sollte noch vor dem großen Tag des Umzugs von der Liste abgehackt werden.
2. Was ist am Umzugstag mit professionellen Umzugshelfern zu beachten?
3. Was muss nach getaner Arbeit der Umzugsunternehmen noch von dir erledigt werden?

Diese Checkliste erleichtert dir die Zusammenarbeit mit dem Umzugsunternehmen, damit du einen entspannten Umzug genießen kannst.

3.1. VORBEREITUNG

☐ Wähle einen Umzugstag

Viele Menschen wählen einen Umzugstag am Anfang oder Ende des Monats. Lässt es dein Terminkalender zu, dass du auch Mitte des Monats umziehst, dann hast du wahrscheinlich eine größere Auswahl in Bezug auf Umzugsunternehmen.

☐ Umzugsunternehmen finden

Hast du ein Umzugsdatum, dann kannst du schon anfangen, nach einem passenden Umzugsunternehmen zu suchen. Eine der besten Wege ist natürlich über Empfehlung von Freunden und Bekannten. Kennst du jemanden, der mit einem Umzugsunternehmen umgezogen ist und sehr zufrieden ist, dann kontaktiere diese Umzugsfirma. Ein weiterer sehr guter Weg ist das Internet. Es gibt zahlreiche Vergleichsportale, in denen du verschiedene Umzugsunternehmen vergleichen und auch Erfahrungsberichte lesen kannst. Auch auf Moveria.de kannst du eine Umzugsanfrage stellen und bekommst daraufhin bis zu 6 Angebote von Umzugsunternehmen in deiner Nähe.

Eine weitere Möglichkeit, ein Umzugsunternehmen zu finden, ist natürlich die traditionelle, über die Gelben Seiten oder über Klein-Anzeigen in der Zeitung. Diese Methode ist allerdings etwas aufwändig, da du jedes Unternehmen einzeln anrufen oder anschreiben musst, um nach einem Angebot zu fragen.

☐ Auswahl seriöser Umzugsunternehmen

Wie bei allen Dienstleistungsanbietern gibt es sehr gute und weniger überzeugende Firmen. Hier ein paar Punkte, die dir bei deiner Auswahl eines seriösen Umzugsunternehmens helfen können:

- Seriöse Umzugsfirmen führen das AMÖ Gütesiegel (vom Bundesverband für Möbelspedition und Logistik)
- Eine klare Anschrift und eine Kontaktperson werden angegeben
- Keine Zusatzversicherungen sollten notwendig sein
- Beratung und Besichtigung wird von der Firma gratis angeboten
- Erfahrungsberichte – besonders von Vertrauenspersonen aus der eigenen Familie

Ich weiß, du hast zurzeit sehr viel um die Ohren. Die Arbeit, der normale Alltag und dann auch noch der Umzug. Trotzdem solltest du die Zeit nehmen, um verschiedene Umzugsunternehmen miteinander zu vergleichen und nicht gleich dem erstbesten zusagen. Hole Angebote von verschiedenen Umzugsfirmen ein und vergleiche deren Preise sowie Leistungen.

☐ Achte auf die Haftungsregeln und AGBs

Im Handelsgesetzbuch ist die Grundhaftung für Umzugsfirmen bei 620 Euro pro Kubikmeter festgelegt. Lies dir die AGBs der in Frage kommenden Umzugsunternehmen genau durch. Oftmals sind in Haftung und Versicherung gewisse Gegenstände nicht beinhaltet und darauf solltest du dann am Umzugstag eingehen. Pflanzen, Dokumente, Geld, Juwelen oder Tiere sind oft in der Haftung nicht mitinbegriffen. Geh einfach sicher, dass du solche Dinge dann mitten im Umzugschaos in deiner Nähe behältst.

Übrigens: Packst du die Umzugskartons selbst, haftest du selbst für den Inhalt der Kartons.

☐ Den Schadenmeldung-Zeitraum notieren

Wenn ein Transportgut zu Schaden kommt, übernimmt die Umzugsfirma unter bestimmten Voraussetzungen die Kosten. Oft ist aber nur ein kurzer Zeitraum nach dem Umzugstag definiert, in dem man Schadensmeldungen an die Firme stellen kann.

☐ Wähle ein Umzugsunternehmen aus

Hast du mehrere Angebote von Umzugsunternehmen erhalten, kannst du diese vergleichen und dich dann für ein Umzugsunternehmen entscheiden. Achte dabei nicht nur auf den Preis, sondern auch auf die Leistungen, die du erhalten würdest. Das beste Preis-Leistungs-Angebot gewinnt dann.

☐ Beauftrage die Umzugsfirma

Das sollte wenn möglich im Zeitraum von mindestens zwei bis vier Wochen vor dem Umzugsdatum geschehen.

☐ Auswahl des richtigen Pakets

Die verschiedenen Pakete, die von der Umzugsfirma angeboten werden, unterscheiden sich stark im Umfang der angebotenen Leistungen. Ist ein Basis-Paket für dich ausreichend, oder sollten sich die Profis auch um Dinge wie Kurzzeit-Lagerung und Endreinigung kümmern? Wähle das perfekt auf deine Bedürfnisse zugeschnittene Paket aus.

☐ Termin bestätigen lassen

Kurz vor dem Umzugstag solltest du den Termin nochmal bestätigen lassen, nur um bösen Überraschungen vorzubeugen.

3.2. UMZUGSTAG

☐ Verpflegung für die Umzugshelfer

Du bist natürlich nicht dazu verpflichtet, für die Profis auch Verpflegung bereit zu stellen. Allerdings sind Essen und Trinken eine nette Geste und das hält die Helfer bei Laune und Kräften. Zumindest genügend Wasser solltest du den Arbeitern anbieten.

☐ Behalte den Überblick

Besonders um die Dinge, die nicht in der Haftversicherung mit inbegriffen sind, solltest du dich selbst kümmern. Dokumente und andere Wertsachen sollten vorsichtshalber in deinem Auto mitfahren.

☐ Sind alle Kisten angekommen?

Tipp: Beschrifte alle Kisten im Vorfeld in dem dafür vorgesehenen Raum oder auf Etiketten und notiere dir, wie viele Küchen-, Wohnzimmer- und Schlafzimmerkisten verpackt wurden.

☐ Trinkgeld für die Helfer

So wie beim Thema Verpflegung bist du natürlich auch beim Thema Trinkgeld zu nichts verpflichtet. Aber bedenke, dass Umzugshelfer oft nur den Mindestlohn erhalten, und das für ziemlich harte Arbeit. Wenn du willst, kannst du schon am Anfang des Umzugstages Trinkgeld an die Helfer verteilen. Das steigert ihre Motivation und sie führen den Umzug mit besserer Laune durch. Wie hoch das Trinkgeld sein sollte, hängt natürlich von deiner Zufriedenheit und deiner eigenen finanziellen Lage ab. Als angemessen gilt ein Trinkgeld von 10 bis 20 Euro pro Helfer.

3.3. NACH DEM UMZUG

☐ Inspiziere deine transportierten Habseligkeiten

Funktionieren alle Elektrogeräte (wie Bügeleisen, Waschmaschine, Kühlschrank, Kaffeemaschine & Co) einwandfrei? Haben es Gläser und Geschirr bruchfrei in die neue Wohnung geschafft? Sind Möbelstücke und andere Habseligkeiten unversehrt? Sind alle Kisten im neuen Zuhause angelangt?

☐ Im Falle von etwaigen Schäden: Reklamieren

Die Umzugsfirmen übernehmen die Haftung für etwaige Schäden am Umzugsgut, aber meistens gibt es einen genau definierten Zeitraum, in dem man noch Schadensmeldungen einreichen kann.

☐ Rechnung begleichen

Nun ist es Zeit, die Rechnung zu begleichen, falls nicht bereits erledigt. Es ist wichtig, dass du diese per Banküberweisung begleichst, um einen Teil dieser Umzugskosten bei der nächsten Steuererklärung absetzen zu können.

☐ Zurücklehen und genießen

Genieße dein neues Zuhause in vollen Zügen – der Umzugsstress ist vorbei!

4. DIE EINKAUFSLISTE FÜR DEN UMZUG

Can Stock Photo Inc. / michaeljung

Wer einen Umzug plant, kommt nicht drum herum, Materialien zu kaufen. Umzugskartons fallen einem natürlich als erstes ein. Doch sollte man auch an übriges Verpackungsmaterial denken. Zerbrechliches sollte in den Kartons zusätzlich geschützt werden. Da empfiehlt sich Luftpolsterfolie, Packpapier und Pape, um zum Beispiel Gläser voneinander zu trennen. Damit die Umzugshelfer auch wissen, wohin die Umzugskisten kommen, sollten sie gut beschriftet werden. Dicke, wasserfeste Stifte gehören also ebenfalls auf die Einkaufsliste für den Umzug. Und falls du die Kartons geliehen hast oder für den nächsten Umzug wiederverwenden willst, kaufe zusätzlich große Etiketten. Das Klebeband darf natürlich auch nicht fehlen.

Wer umzieht, benötigt auch Werkzeug. Möbel müssen auseinander- und wieder zusammengebaut werden, Nägel müssen aus den Wänden der alten Wohnung gezogen werden und in der neuen Wohnung werden eventuell Bilder und Regale gleich aufgehängt. Was du genau für deinen Umzug brauchst, verrät dir diese Checkliste für den Umzugseinkauf. Sie dient als

Einkaufsliste für den Umzug und listet Dinge auf, die dir beim Umzug nützlich sein werden.

Viele Sachen kann man im Baumarkt, bei Umzugsfirmen oder in großen Supermärkten kaufen. Einiges kann man aber auch mieten oder leihen. Besonders bequem ist der Einkauf online. Im Moveria Umzugsshop und auf Amazon findest du alle Produkte der folgenden Liste.

Nimm dir die Zeit und lehne dich zurück, um den Umzug gedanklich Schritt für Schritt durchzugehen. Dann wird dir so Einiges einfallen, was noch auf die Einkaufsliste für den Umzug gehört. Willst du zum Beispiel verhindern, dass Möbel Kratzer und Dellen abbekommen, kaufe Abdeckplanen oder Packdecken. Um den Rücken zu schonen, hilft eine Sackkarre. Und falls dir Freunde beim Umzug helfen, solltet ihr während des Umzugs gut erreichbar sein. Du könntest dich darauf verlassen, dass alle Handys aufgeladen sind, oder du könntest Walkie-Talkies leihen.

Und jetzt zur Einkaufsliste.

☐ Abdeckplanen für Möbel

Wenn du deine größeren Möbelstücke wie Bett, Sofa, Sessel vor Schmutz und Kratzern schützen willst, kannst du Abdeckplanen kaufen. Dies empfiehlt sich vor allem für Möbelstücke mit heller Verkleidung.

☐ Verpackungsmaterial

Pappe, Luftpolsterfolie und Packpapier sind gut für lose Gegenstände geeignet, die man in Umzugskartons packen möchte. Beim Transport können auch Dinge kaputt gehen, die normalerweise nicht so empfindlich sind. Hinzu kommt das Risiko, dass ein Karton umfällt oder fallen gelassen wird. Wie viele Kartons du benötigst, hängt davon ab, wie viele Sachen du in der

Wohnung hast, aber eine gute Faustregel ist: Ein Karton pro Quadratmeter Wohnfläche. Falls du lange an einem Ort gewohnt hast und dich nur schwer von alten Sachen trennen kannst, brauchst du wohl eher noch mehr Kartons. Ziehst du mit Hilfe eines Umzugsunternehmens um, wird der Umzugsunternehmer normalerweise bei dir vorbeikommen und abschätzen, wie viele Kartons du benötigst.

☐ Stifte zum Beschriften

Zum Beschriften der Umzugskartons verwendest du am besten Permanentmarker. Später brauchst du dann nicht zu überlegen, was in der Umzugskiste drin ist oder in welchen Raum der Karton gehört. Kaufe viele Marker, da sie dazu neigen, sich in Luft aufzulösen.

☐ Etiketten

Wenn du Dinge beschriften möchtest, ohne direkt auf sie zu schreiben (zum Beispiel auf geliehene Kartons oder auch auf Möbelstücke), dann sind Klebeetiketten und Kreppband gute Alternativen.

☐ Klebeband

Viele Umzugskartons werden zugeklebt. Klebeband brauchst du auch, wenn du z. B. Regalbretter oder auch Bilder zu größeren Einheiten zusammenkleben möchtest, oder um Schubladen und Schranktüren für den Transport zu fixieren. Achte darauf, dass das Klebeband leicht ablösbar ist und keine Verfärbungen oder Klebereste hinterlässt. Praktisch ist auch ein Klebebandhalter. So brauchst du keine Schere und das Zukleben geht wesentlich schneller.

☐ Sackkarre

Eine einfache Transporthilfe für Kartons und andere schwere Dinge ist eine Sackkarre. Wohnst du in einem Gebäude ohne Aufzug, ist eine Treppensackkarre sehr praktisch. Sie erspart dir so einiges Schleppen und somit Rückenschmerzen. Auch andere Hilfsmittel wie Transportwagen oder Möbelroller können eine große Hilfe am Umzugstag sein.

☐ Strick und Spanngurte

Wo sich Klebeband nicht verwenden lässt, wie zum Beispiel bei Matratzen, benötigst du Strick oder Spanngurte. Diese brauchst du außerdem, um Sachen im Umzugsfahrzeug zu sichern, damit sie nicht umfallen und beschädigt werden.

☐ Arbeitshandschuhe

Auch Arbeitshandschuhe dürfen auf der Einkaufsliste für den Umzug nicht fehlen. Denn diese sind zum Tragen schwerer Gegenstände empfehlenswert, um die Hände zu schützen. Ziehst du mit der Hilfe von Freunden um, kaufe am besten gleich ein Set mit 10 Arbeitshandschuhen, damit alle Helfer welche haben.

☐ Teppichmesser

Ein Teppichmesser (auch Stanley-Messer, Japanmesser oder Cutter genannt) ist ein ideales Hilfsmittel, um zugeklebte oder zugeknotete Pakete einfach zu öffnen.

☐ Werkzeug

Falls du noch kein Werkzeug hast, solltest du eine gewisse Grundausrüstung kaufen, um deine Möbel auseinander-, und zusammenbauen zu können. Schraubenzieher, Hammer, Schraubenschlüssel, Metermaß, Nägel, Schrauben und Dübel, Zange usw. sind auch nach dem Umzug immer wieder nützlich. Hast du viele Möbel, lohnt es sich, einen Akkuschrauber zu kaufen. Damit sparst du dir viel Zeit.

☐ Verpflegung

Vom Packen und Schleppen bekommen alle Hunger und Durst. Essen und Getränke sollten also am Umzugstag leicht zugänglich sein. Wenn du ein bisschen Kaffee in einer Thermoskanne für eine Kaffeepause und ein paar Snacks vorbereitest, kannst du die allgemeine Stimmung aller Beteiligten um einiges heben. Besorge dazu auch Pappteller und Plastikbecher sowie Servietten und Mülltüten.

☐ Walkie-Talkies

Am Umzugstag ist einfache Kommunikation ganz wichtig. Manchmal ist es unpraktisch oder sogar unmöglich, das Handy zu benutzen. Walkie-Talkies schonen die Handyrechnung und funktionieren auch ohne Handynetz. Außerdem können alle gleichzeitig zuhören und mitreden. Vor allem beim Ein- und Auspacken und beim Transport sind Walkie-Talkies sehr nützlich. Es gibt auch Firmen, die Walkie-Talkies vermieten.

5. ERSTAUSSTATTUNG FÜR DIE ERSTE EIGENE WOHNUNG

Die Erstausstattung für die erste eigene Wohnung zu kaufen, ist mit gemischten Gefühlen und auch etwas Unsicherheit verbunden. Die erste Wohnung ist ein Meilenstein im Leben jedes jungen Erwachsenen. Zum ersten Mal genießt man diese besondere Freiheit, Unabhängigkeit und Selbstständigkeit der eigenen vier Wände. Es ist ein großartiges Gefühl und sollte richtig zelebriert werden. Im Unterschied zu all den zukünftigen Wohnungen, die du in deinem Leben noch beziehen wirst, fängst du bei deiner ersten eigenen Wohnung auch wirklich bei "Null" an. Doch was braucht man für diesen Neuanfang? Die Ansammlung an wichtigen Haushaltsgeräten, Dekorationen, Möbel- und Erinnerungsstücken beginnt heute mit dieser kleinen Einkaufsliste für die Erstausstattung.

Meist hat man beim Einrichten der ersten eigenen Wohnung noch ein sehr begrenztes Budget, was natürlich zu beachten ist. Setze dich vielleicht mit deinen Eltern zusammen und berechne genau, wie viel du für die Erstausstattung deines neuen Zuhauses ausgeben kannst oder willst. Wenn das Budget einmal feststeht, dann kannst du noch Verwandte, vor allem Eltern oder Großeltern fragen, ob sie die ein oder andere Tasse und Kochtopf nicht mehr brauchen. Großeltern sind meist ein ganz heißer Tipp, um gratis Ausstattung für deine erste eigene Wohnung zu finden. In deren Haushalt sammelt sich meist über die Jahre hinweg viel extra Geschirr und Sonstiges an. Für günstige Möbel ist natürlich Ikea immer eine gute Wahl, aber suche auch in den verschiedenen Online-Börsen nach gebrauchten Möbelstücken.

☐ Möbel für die erste eigene Wohnung

- Bett mit Lattenrost und Matratze
- Kleiderschrank
- Schreibtisch und Sessel
- Sofa
- Eventuell Fernsehregal und Fernseher
- Esstisch mit Stühlen
- Schuhregal
- Einbauküche mit Küchenregalen
- Herd
- Kühlschrank
- Waschmaschine
- Badausstattung mit Waschbecken und Dusche

☐ Erstausstattung für die Küche

- Töpfe: Wir raten dir zumindest zwei größere Töpfe und einen kleineren als Grundausstattung zu haben.
- Pfanne: Mindestens eine

- Nudelsieb
- Besteck: Wird meist in Vierersets verkauft
- Besteckfach für die Bestecklade
- Teller: Fleischteller, Suppenteller, kleine Frühstücksteller
- Müslischalen
- Salatschüssel
- Behälter zum Aufbewahren von Lebensmittel (Tupperware)
- Tassen
- Gläser (ebenfalls meist in Vierersets zu kaufen)
- Wasserkrug/Teekanne
- Kaffeemaschine
- Schneidebrett
- Ein Set Schneidemesser
- Kochutensilien: Pfannenwender, Kochlöffel und Suppenkelle
- Mülleimer für die Küche
- Dosenöffner
- Korkenzieher
- Backpapier, Frischhaltefolie und Aluminiumfolie
- Kochhandschuh
- Geschirrtücher
- Evtl. Muffin- oder Kuchenform und Gewürzregal.

☐ Erstausstattung für das Schlafzimmer

- Bettwäsche: Kissen und Decke
- Bettüberzüge: mindestens zwei Garnituren, um immer eine zur Hand zu haben, wenn die anderen gewaschen werden muss.
- Stehlampe/ Nachttischlampe
- Kleiderbügel für den Kleiderschrank

☐ Erstausstattung für das Badezimmer

- Handtücher
- Handtuchhalter
- Mülleimer für das Badezimmer
- Spiegel
- Toilettenpapierhalter

☐ Putzutensilien

- Allzweckreiniger
- Geschirrspülmittel
- Glasreiniger/ Fensterputzmittel
- Toilettenreiniger
- Küchenrolle
- Toilettenpapier
- Putzeimer
- Besen und Schaufel
- Putzlappen (mehrere: einen speziell nur für das WC)
- Eventuell Staubsauger

☐ Zusätzlich wichtige Ausstattung

- Werkzeugkiste
- Hammer und Nägel
- Schraubenzieher
- Wasserwaage
- Zange
- Bohrmaschine

- Erste-Hilfe-Kasten: Dieser kann meist vollständig bestückt gekauft werden. Geh zumindest sicher, dass du Haftpflaster, Verbandszeug und Desinfektionsmittel immer Zuhause hast. Auch Schmerztabletten und diverse nicht verschreibungspflichtige Medikamente wären gut, für den Notfall immer in der Wohnung zu haben.
- Verlängerungskabel
- Bügelbrett
- Bügeleisen
- Wäscheständer

☐ Kleine Extras zum Wohlfühlen

Diese Dinge sind zwar nicht unbedingt notwendig, aber sie geben deiner ersten eigenen Wohnung einen persönlichen Touch und helfen dabei, sie zu einem richtigen Wohlfühlort zu machen

- Pflanzen
- Bilderrahmen und Bilder
- Dekokissen
- Kuscheldecke für das Sofa
- Tischdecke und Tischläufer
- Wanduhr
- Etwaige saisongerechte Deko für die Wohnung

6. RENOVIEREN

© Can Stock Photo / dolgachov

Ziehst du in eine neue Wohnung, willst du eventuell vorher renovieren und die Wohnung auffrischen. Eine Renovierung ist auch oftmals sinnvoll für die Werterhaltung oder sogar Wertsteigerung der Wohnung. Ziehst du vielleicht sogar ins Eigenheim? Dann weißt du, dass die Arbeit eigentlich nie aufhört. Immer mal wieder fallen kleine Renovierungsarbeiten an, wie zum Beispiel Wände streichen oder zerbrochene Fliesen austauschen. Manchmal gehören aber auch aufwändigere Maßnahmen zum Renovieren dazu, wie die Isolierung oder Erneuerung für eine bessere Energieeffizienz. Insbesondere, wenn du in einem Altbau wohnst, spielt dieses Thema eine wichtige Rolle. Moderne Dämmstoffe, neue Fenster und Türen verbessern den Energiewert des Hauses, sorgen für geringere Heizkosten und werten das Haus auf. Willst du dein Haus verkaufen, kann eine Dämmung oder Erneuerung der Heizanlage durchaus sinnvoll sein, bevor du einen Energieausweis beantragst.

Am Anfang steht immer die Idee zum Renovieren. Damit die Durchführung der Renovierung gut läuft, ist eine gute Vorausplanung aber unerlässlich. Steht fest, welche Renovierungsarbeiten gemacht werden, gibt es eine Menge vorzubereiten und viel zu beachten. Ein Termin für die Renovierung muss festgelegt werden, ein Zeitplan muss erstellt werden, Urlaub muss beantragt werden, Helfer müssen organisiert werden und noch vieles mehr. Je nach Renovierung sind sogar Genehmigungen erforderlich.

Man sollte sich auch nicht überschätzen. Manchmal ist es besser, zumindest für Teile der Renovierung Handwerker zu beauftragen. Dazu ist es ratsam, erstmal einige Angebote für die Renovierung einzuholen und zu vergleichen. Hast du all diese To-Do's auf einer Checkliste beisammen, vermeidest du, vor lauter Aufgaben etwas zu übersehen.

Die folgende Renovieren-Checkliste hilft dir, deine Renovierung effektiver zu planen. Die Liste erinnert dich daran, welche Vorbereitungen du treffen solltest, und informiert, welche Reparaturen selbst durchgeführt werden können und welche du besser einem Fachmann überlässt.

Zudem erhältst du Tipps für die Durchführung der Renovierung und ihre Planung: zum Beispiel, was du beachten solltest, wenn du einen Vertrag mit einem Handwerker abschließt, welche Materialien bei einer Renovierung nicht fehlen sollten und wie man die Wohnung vorbereiten kann.

6.1. GENEHMIGUNG / BAUGENEHMIGUNG

6.1.1. Mietverhältnis

Was man in seiner Mietwohnung machen darf, wird durch das Mietrecht geregelt. Als Mieter darf man keine Änderungen durchführen, die sich beim Auszug nicht mehr rückgängig machen lassen. Kleinere Veränderungen wie

Tapezieren und Anstreichen darfst du vornehmen, wobei zu beachten gilt, dass du die Wohnung im vertragsgemäßen Zustand zurückgeben musst. Schau in deinen Mietvertrag und frage wenn möglich den Vermieter. Vor größeren Aktionen brauchst du eine Genehmigung, zum Beispiel, wenn eine Wand verlegt werden soll. Wenn du beispielsweise Türen aushängst oder austauschst, musst du die alten aufheben, da sie zur Wohnung gehören. Es ist sicherlich am einfachsten, immer direkt mit dem Vermieter zu reden – egal, welche Art von Renovierung du vornehmen möchtest. Halte jede Vereinbarung schriftlich fest und lasse sie von deinem Vermieter unterschreiben. Der Mieterbund beantwortet auch Fragen rund ums Renovieren einer Mietwohnung.

6.1.2. Eigentumswohnung

Auch wenn du Eigentümer einer Wohnung bist, die nach dem Wohnungseigentumsgesetz (WEG) verwaltet wird, musst du für bestimmte Umbaumaßnahmen eine Genehmigung der Wohnungseigentümergemeinschaft einholen. Wenn es um tragende Wände sowie Gasleitungen und Heizungs-, Wasser- und Abwasserrohre geht, braucht man eine schriftliche Genehmigung des WEG-Vorstandes. Die Genehmigung ist sehr wichtig; andernfalls könnte man dich zwingen, die Änderungen rückgängig zu machen. Stromkabel darf man allerdings ohne Genehmigung verlegen, da man selbst verpflichtet ist, Kabel zu unterhalten. Trotzdem sollte man hierzu einen Elektriker beauftragen. Wir empfehlen, dass du dich auch vor kleineren Maßnahmen mit der WEG-Verwaltung abstimmst.

6.1.3. Haus

Wenn du in einem Haus wohnst und zum Beispiel anbauen möchtest, eine Terrasse verglasen möchtest oder einen Teil des Wohnhauses zur gewerblichen Nutzung (z.B. Büroräume) umbauen willst, brauchst du unter Umständen eine Baugenehmigung. Nimm dazu Kontakt mit dem Bauamt deiner Stadt- oder Gemeindeverwaltung auf. Diese kann dir mitteilen, ob du eine Baugenehmigung brauchst oder nicht.

6.2. WAS DARF MAN SELBST MACHEN?

Strom- und Montagearbeiten sollten immer von einem Fachmann ausgeführt werden. Es könnte Versicherungsprobleme geben, wenn ein Schaden auftritt, weil du nicht nach geltenden Renovierungsvorschriften vorgegangen bist oder nicht fachmännisch gearbeitet hast. Einige Wohnungseigentümergemeinschaften verlangen, dass Stromarbeiten von einem professionellen Elektriker, Installationsarbeiten von einem professionellen Installateur oder Klempner ausgeführt werden usw.

6.3. PLANUNG

Es empfiehlt sich, eine Zeichnung zu machen, wie das Ergebnis aussehen soll. Erstelle einen einfachen Zeitplan, indem du alle Arbeitsschritte und –fristen aufführst. Markiere die Schritte, die du selbst ausführen möchtest und die Schritte, für die du professionelle Hilfe in Anspruch nehmen willst, und schreibe andere Anforderungen auf. Das ist ganz besonders wichtig und macht es dir leichter, passende Angebote einzuholen.

Für Renovierungsarbeiten, die du selbst machen kannst, erstelle eine Liste mit den dazu benötigten Materialien. Mit den Planungsunterlagen lässt sich auch das Budget recht einfach erstellen. Wenn du etwas selbst durchführen möchtest und nicht so viel Erfahrung hast, sollst du bedenken, dass eine Renovierungsmaßnahme oft viel länger dauert als man glaubt. Manche Arbeiten greifen ineinander über. Darum ist es wichtig, sich eine logische Reihenfolge zu überlegen und diese zu notieren. Falls nötig, beantrage rechtzeitig einige Urlaubstage bei deinem Arbeitgeber. Die Renovierung auf Feiertage zu legen ist nicht zu empfehlen. Falls dir mitten bei den Arbeiten Materialien ausgehen oder Werkzeug kaputt geht, kannst du nicht mal gerade zum Baumarkt düsen, da dieser dann geschlossen hat. Zudem können sich Nachbarn sehr belästigt fühlen, wenn an Feiertagen Renovierungskrach gemacht wird.

6.4. ANGEBOTE

Hole Angebote von verschiedenen Handwerkern ein und vergleiche sie genau. Höre dich auch in deinem Bekanntenkreis um, ob jemand gute Erfahrungen hat und Handwerker empfehlen kann. Andernfalls solltest du nach Empfehlungen/Zeugnissen fragen, um zu prüfen, ob frühere Kunden mit der ausgeführten Arbeit zufrieden waren. Auch wenn du Handwerkerhilfe in Anspruch nimmst, solltest du einen groben Überblick darüber haben, was erledigt werden sollte, und in welcher Reihenfolge. Dann kannst du die Angebote besser beurteilen und einschätzen, ob sie angemessen sind. Natürlich sollte der Leistungsumfang genau beschrieben werden – mit allen enthaltenen Arbeitsschritten. Darüber hinaus gilt es, beim Vergleichen und Beurteilen von Angeboten Folgendes zu beachten:

- Der angegebene Preis sollte die Mehrwertsteuer (Umsatzsteuer) beinhalten.
- Aus dem Angebot sollte genau hervorgehen, was Arbeitskosten und was Materialkosten sind. Das kann für die Steuererklärung wichtig sein.
- Welche Fristen, Haftungs- und Lieferbedingungen für die Leistungen gelten sollen.

6.5. HANDWERKER ODER HILFE VON FREUNDEN

Handwerker sind manchmal lange im Voraus ausgebucht, weshalb du sie frühzeitig beauftragen solltest. Formuliere klar, was du erwartest und wann die Arbeiten ausgeführt werden sollen. Stimme dich womöglich ein paar Tage vor Renovierungsbeginn mit dem Handwerker ab, um zu prüfen, ob ihr euch richtig verstanden habt. Wenn du die Arbeit selbst ausführen möchtest, bitte doch Freunde um Hilfe. Auch Freunde wissen es zu schätzen, wenn du sie rechtzeitig fragst. Denke an die nötige Verpflegung und eventuell an ein Dankeschön für die Helfer.

6.6. AUFTRÄGE / VERTRÄGE

Schließe mit der Firma oder dem Handwerker, den du beauftragen willst, einen schriftlichen Vertrag ab. Dieser sollte die folgenden Informationen beinhalten:

- Arbeits- und Leistungsumfang
- Auszuführende Arbeitsschritte
- Zeitvorgaben
- Preis, inklusive Mehrwertsteuer
- Arbeits- und Materialkosten
- Wie die Renovierung/ der Anbau ausgeführt werden soll
- Zahlungsangaben – zu bestimmten Zeiten oder nach allen Arbeitsschritten. Bei Verspätung (Verzug) wird eventuell Schadenersatz (§5 VOB/B) fällig. Zahle nur für vollständig ausgeführte Arbeiten bzw. Arbeitsschritte.

6.7. MATERIALEINKAUF

Überlege, welches Material bei der Renovierung nötig sein könnte:

- Abdeckplane/-pappe
- Klebeband
- Malerkrepp
- Möbelschutz
- Baulampen
- Werkzeug
- Behälter/ Container für Baustellenmüll/ Bauschrott
- Baumaschinen
- Leiter

Solltest du davon etwas mieten müssen (z.B. einen Container), bestelle es rechtzeitig. Falls du größere Maschinen wie Schleifgeräte oder Bohrhammer benötigst, informiere dich bei verschiedenen Baumärkten oder Fachhändler nach dem Mietpreis. Oftmals gibt es günstige Wochenendtarife. Plane genügend Material ein. Wenn dir beim Tapezieren zum Beispiel der Kleister ausgeht, behindert es die Renovierungsarbeiten immens, wenn du mittendrin los musst, um neuen Kleister zu kaufen.

6.8. VORBEREITUNG DER WOHNUNG

Räume die Wohnungsteile leer, die von der Renovierung betroffen sind.

Bedenke, dass feiner Staub und Sägemehl sich sehr leicht verbreiten. Es empfiehlt sich also, Schlüssellöcher, Ventile und Türspalte mit Klebeband zu verkleben.

Während der Renovierung muss Zugang zu Strom bestehen.

6.9. SONSTIGES

Fotografiere die Wohnung vor und nach der Renovierung.

Falls die Renovierung deine Nachbarn beeinträchtigt, solltest du sie über den Renovierungszeitraum informieren. Sei rücksichtsvoll und führe keine lautstarken Renovierungsmaßnahmen am frühen Morgen oder späten Abend aus.

Je nach Renovierungsarbeiten müssen Schlafmöglichkeiten organisiert werden, entweder in einem Raum, der nicht renoviert wird, besser ist aber, du renovierst die neue Wohnung oder das Haus bevor du einziehst.

Erkundige dich bei energiesparenden Renovierungsmaßnahmen, ob es eventuell staatliche Förderungen dafür gibt.

7. PACKEN

Umzugskartons packen ist gar nicht so einfach. Zum einen dauert es sehr lange, bis man alle seine Habseligkeiten eingepackt hat und zum anderen kann es emotional aufwühlend sein, seine alten Sachen zu durchforsten und sie zu sortieren. Plane deshalb genug Zeit für das Einpacken ein – auch für ungeplante Zwischenfälle.

Befreie dich von den Sachen, die du nicht mehr brauchst. Du kannst Vieles verschenken oder verkaufen – Es gibt viele Menschen, die sich über einige deiner Sachen mehr freuen würden als dein Keller.

Fange mit dem Aussortieren so früh wie möglich an und plane noch mehr Zeit ein. Dabei kannst du einige Dinge bereits einpacken, die du vor dem Umzug nicht mehr brauchst, zum Beispiel Kleidung für andere Jahreszeiten, Dekoration, Bücher und Ähnliches. Einiges sollte hingegen bis zum Schluss griffbereit bleiben. Zum Beispiel Putzutensilien, Medikamente, Kosmetik und Werkzeug.

Die folgende Checkliste beinhaltet Anweisungen und Tipps, wie man das Packen für den Umzug am besten plant und durchführt. Denn mit richtig gepackten Kartons vermeidest du Rückenschmerzen, zerbrochene Gegenstände und das Rumgesuche nach dem Umzug. Umzugskartons packen wird mit dieser Checkliste einfacher. Sie verrät dir nicht nur, was du bei der Wahl der Umzugskartons beachten solltest, sondern auch, wie du systematisch in verschiedenen Räumen packst. In einen Umzugskarton sollten auch nur Sachen aus einem Raum gelegt werden. Dann sollte groß und auf alle Seiten des Kartons der Name des Raumes geschrieben werden, in den diese Kiste getragen werden soll und in kleinerer Schrift der Inhalt des Kartons.

Zudem verrät diese Checkliste, wie du Umzugskartons packen kannst, ohne kurz vor dem Umzugstag völlig gestresst noch tausend Sachen packen zu müssen. Auch Tipps, wie man Zerbrechliches in die Umzugskartons packen kann, fehlen in dieser Checkliste für den Umzug nicht. Teller werden hochkant eingepackt, Gläser und zerbrechliche Deko werden mit Luftpolsterfolie oder Packpapier geschützt. Häufiger Fehler passiert vielen Umzugsanfängern, wenn sie Bücher einpacken. Bücher sind sehr schwer. Daher sollten keine ganzen Kartons komplett mit Büchern gefüllt werden, es sei denn, die Kartons sind klein. Und nun zur Packanleitung.

7.1. UMZUGSKARTONS

Umzugskartons sind mit Abstand die bequemsten Transportbehälter für einen Umzug. Eine Faustregel ist, dass alles, was in einen Umzugskarton passt, auch in einen Umzugskarton gepackt werden sollte. Lose Gegenstände gehen leichter kaputt und sind beim Umzug einfach unpraktisch. Umzugskartons gibt es in Baumärkten, bei Umzugsfirmen, manchmal auch in großen Supermärkten und natürlich auch im Moveria Umzugsshop sowie auf Amazon.

Achte auf die Qualität, die sich von Verkäufer zu Verkäufer sehr unterscheiden kann. Falls du eine Umzugsfirma für deinen Umzug beauftragst, kannst du die Kartons oft kostenlos ausleihen. Hast du gar keine Zeit, kann auch das Umzugsunternehmen die Umzugskartons packen.

Vorsicht bei Umzugskartons-Alternativen

Als Ersatz für Umzugskartons werden oft Obstkisten, Müllsäcke, Papiertüten und Reisetaschen benutzt. Die lassen sich jedoch nicht stapeln, sind schwieriger zu transportieren (z. B. auf einer Sackkarre) und gehen oft auch leichter kaputt. Um effektiv umzuziehen und das Risiko unerwünschter Zwischenfälle zu minimieren, sollte man normale Umzugskartons benutzen. Diese sind einfach zu stapeln und haben Tragegriffe, die das Heben und den Transport vereinfachen. Wie viele Kartons du benötigst, hängt davon ab, wie viele Sachen du in der Wohnung hast, aber eine gute Faustregel ist: ein Karton pro Quadratmeter Wohnfläche. Falls du lange an einem Ort gewohnt hast und dich nur schwer von alten Sachen trennen kannst, wirst du wohl eher noch mehr Umzugskartons packen müssen. Ziehst du mit Hilfe eines Umzugsunternehmens um, wird der Umzugsunternehmer normalerweise bei dir vorbeikommen und abschätzen, wie viele Kartons du benötigst.

7.2. PLANUNG

Am besten ist es, so früh wie möglich mit dem Packen für den Umzug anzufangen. Packe zunächst alles ein, was du vor dem Umzug nicht mehr brauchst, zum Beispiel Kleider für andere Jahreszeiten, edles Porzellan, Bücher usw. Mit der Entrümpelung von Keller, Speicher und Garage kann man schon Monate vor dem Umzug beginnen. Hier befinden sich am meisten Sachen, die man nicht mehr benötigt. Trenne dich von diesen, verkaufe oder verschenke sie. Und was wirklich nicht mehr zu gebrauchen ist, kann in den Mülleimer. Dinge, die du mitnehmen willst, kannst du schon in Kartons packen. Achte darauf, dass die Kartons nicht schwerer als 20 kg sein sollten. Beim Packen in der Wohnung solltest du vorsichtiger sein. Warte mit dem absolut Nötigsten bis zum Schluss. Die folgenden Sachen können sich als nützlich erweisen:

- Putzutensilien und alles, was du zum Putzen vor der Wohnungsübergabe brauchst, solltest du nicht zu früh einpacken. Auch einen Stuhl oder einen Hocker solltest du beim Putzen zur Hand haben.
- Die Lampen solltest du zuletzt abmontieren. In der neuen Wohnung sind die Lampen wiederum zuerst anzubringen. Ohne Licht in allen Räumen lässt es sich nur schwer einziehen.
- Falls du weiter weg ziehst, solltest du Hygieneartikel (wie zum Beispiel Seife, Duschgel und Toilettenpapier), Wechselklamotten und Snacks zur Hand haben, um in der neuen Wohnung nicht erst die Kartons herumschleppen und durchsuchen zu müssen.

7.3. UMZUGSKARTONS PACKEN RAUM FÜR RAUM

Organisiere das Einpacken, indem du Raum für Raum vorgehst und nur die Sachen aus einem Raum in einen Karton packst. Unterschätze den Zeitaufwand nicht. Man benötigt einen halben bis ganzen Tag, um den Inhalt eines Zimmers sorgfältig zu verpacken. Beschrifte die Kartons von allen Seiten, sodass du immer sehen kannst, was drin ist und in welchen Raum der Karton gebracht werden soll. Beschriftest du den Karton nur von oben, kannst du die Beschriftung nicht sehen, wenn du die Kartons stapelst. Du kannst entweder direkt auf den Karton schreiben, oder, falls du die Kartons geliehen hast, kaufe Etiketten, auf die du dann den genauen Inhalt des Kartons schreibst und, besonders wichtig, den Raum, in den der Karton soll.

7.3.1. Umzugskartons packen in der Küche

In der Küche kannst du oft frühzeitig Umzugskartons packen, sodass die Küchensachen, die du nicht so oft benutzt, schon mal abgehakt sind. Hebe die wichtigsten Sachen, die du während der letzten Tage zum Kochen und Essen brauchst, bis zum Schluss auf.

Glas, Geschirr und andere zerbrechliche Gegenstände sollten in Packpapier oder Luftpolsterfolie eingewickelt werden. Alternativen sind Zeitungspapier, Tücher, Laken und Kleider, die ja sowieso eingepackt werden müssen. Zeitungspapier ist billig, aber macht oft Flecken auf dem Porzellan, was bedeutet, dass du es später abwaschen musst. Laken, Handtücher und Kleider sind zwar sauber, aber machen das Packen ineffektiv, weil sie viel Platz in Anspruch nehmen. Außerdem machen sie das Packen komplizierter, weil Kleider und Geschirr in der neuen Wohnung nicht in denselben Raum gehören. Packpapier kann teuer sein, ist aber oft trotzdem am besten für den Schutz zerbrechlicher Gegenstände geeignet.

Teller werden hochkant eingepackt; jeweils mit einer Papierschicht dazwischen. Wenn man etwas Papier zerknüllt und es auf den Boden des Kartons legt, stehen die Teller stabiler. Die Gläser werden einzeln in Papier eingepackt und in den Karton gelegt oder gestellt. Um die Bruchgefahr gering zu halten, sind kleinere Kartons wie Schuhkartons sinnvoll, die man dann wiederum in die Umzugskartons packt. Besser sind allerdings spezielle Glaskartons oder Sortierboxen, in denen die Gläser voneinander getrennt stehen. Freiräume in den Kartons füllt man mit zerknülltem Papier, Kissen oder anderem weichen Material.

Küchengeräte (Kaffeemaschine, Toaster usw.) packt man am besten in einzelne, kleinere Kartons, die man dann wiederum in Umzugskartons packt. Falls du keine geeigneten Kartons hast, kannst du sie stattdessen in Packpapier oder Luftpolsterfolie einpacken, damit sie nicht kaputt gehen.

Falls du eine Spülmaschine hast, die mit dir umziehen soll, ist es ratsam, sie von einem Fachmann ausbauen zu lassen. So vermeidest du Unfälle und riskierst auch nicht, dass die Versicherung nicht zahlt. Überprüfe die Schadensfallbedingungen deiner Versicherung.

7.3.2. Umzugskartons packen im Wohnzimmer

Im Wohnzimmer kannst du in der Regel schon früh in der Umzugsvorbereitung mit dem Packen beginnen und Bücher, CDs und DVDs sowie Dekorationsgegenstände einpacken.

Bücher sind sehr schwer. Daher solltest du keine ganzen Kartons damit füllen. Bepacke den Karton stattdessen zur Hälfte mit Büchern und fülle ihn dann mit anderen Sachen wie Kissen, Decken, Gardinen und ähnlichen, leichten Sachen auf. Mische auch Taschenbücher mit gebundenen Büchern, um das Gewicht gut auf die Kartons zu verteilen. Wesentlich einfacher wird das Auspacken in der neuen Wohnung allerdings, wenn du spezielle Bücherkartons benutzt.

Dekorationsgegenstände werden wie Glas und Geschirr verpackt, also am besten in Packpapier und kleinere Kartons, die dann in die Umzugskartons gepackt werden.

Bilder und ähnliche Gegenstände, die zu groß für Umzugskartons sind, kannst du in spezielle Bildkartons packen. Eine billigere Alternative ist, sie zusammenzubinden oder zu kleben, wobei jeweils ein Stück Karton zwischen die Bilder gelegt wird. Packe die Bilder nicht zu früh ein, damit sie nicht beschädigt werden. Transportiere sie am besten stehend.

Kabel und Ähnliches solltest du nicht zusammenbinden und gut beschriften, um zu wissen, wohin sie gehören. Falls man ein Kabel nicht von einem Gerät abmachen kann, solltest du es aufrollen und mit Klebeband am Apparat festkleben, um Beschädigungen zu vermeiden.

Gegenstände im Wohnzimmer, die du nicht in Umzugskartons packen solltest:

Gardinenstangen und Ähnliches werden mit Stricken oder Klebeband zusammengebunden, wobei man sie auch mit Besen, Skiern und anderen langen Gegenständen kombinieren kann.

Teppiche rollst du am besten auf und verknotest sie. Falls du viele kleinere Teppiche hast, kannst du sie übereinander legen und dann zusammen aufrollen.

Aus den Bücherregalen, Kommoden und Schränken solltest du lose Regalbretter entfernen und sie mit Klebeband verbinden. Beschrifte die Schrauben, die du brauchst, damit du die Möbel in der neuen Wohnung einfach wieder zusammenbauen kannst.

Schubladen und andere Aufbewahrungsmöbel werden geleert und verbleiben beim Umzug im Möbelstück. Falls die Schublade leicht herausfällt, solltest du sie mit Klebeband fixieren, damit sie nicht kaputt geht. Das Gleiche gilt für Schranktüren, die leicht aufgehen. Einige Möbel mit hervorstehenden Teilen baut man womöglich besser auseinander, um den Umzug zu erleichtern.

Lampen sind oft groß und schwer zu transportieren – vor allem Kronleuchter. Um sie sicher zu transportieren, kannst du sie an die Decke des Umzugsfahrzeugs hängen, wobei du darauf achten musst, dass sie nicht runterfallen können.

Topfpflanzen sind empfindlich und werden bei Umzügen oft beschädigt, vor allem im Winter. Die meisten Umzugsfirmen übernehmen für Pflanzen keine Haftung, oder sie gehören gar nicht erst zum Leistungsumfang, sodass du sie selbst transportieren musst. Packe sie stehend in offene Kartons, wobei du etwas Zeitungspapier verwenden solltest, um sie vor Kälte und Zugluft zu schützen. In guten Gartengeschäften gibt es Schutznetze für große, üppige Pflanzen.

7.3.3. Umzugskartons packen im Schlafzimmer

Auch im Schlafzimmer kann man oft frühzeitig Umzugskartons packen, zum Beispiel die Laken, Handtücher und Kleider, die du in nächster Zeit nicht brauchst. Beachte, dass Handtücher noch nützlich sein können, wenn du zerbrechliche Sachen einpacken oder Umzugskartons auffüllen willst.

Auch die Kleider im Schrank kannst du zusammenlegen und in Kartons packen. Falls du viele Kleider auf Bügeln hast, kann das allerdings lange dauern. Es gibt spezielle Garderobenkartons, in denen du die Kleider auf ihren Bügeln aufhängen kannst. Eine Alternative ist es, ein paar Bügel zusammenzubinden und einen großen Müllsack darüber zu ziehen. Du schneidest oben ein Loch rein und ziehst die Haken der Bügel hindurch. Jetzt können die Kleider bis zum Umzugstag im Schrank hängen bleiben und in der neuen Wohnung direkt in den Schrank gehängt werden. Dieser Ansatz spart Zeit beim Packen, aber macht den Umzug etwas umständlicher. Kartons können einfacher in den Umzugswagen geladen werden als Tüten.

Matratzen werden wie Teppiche aufgerollt und mit Stricken oder Spannriemen fixiert.

7.3.4. Umzugskisten packen im Bad

Im Bad sollte man eher spater Umzugskartons packen, weil dort viele Sachen sind, die man täglich oder wöchentlich benutzt. Medikamente zum Beispiel sollte man nicht früh einpacken, auch wenn man sie gerade nicht braucht. Man kann jederzeit krank werden und benötigt die Medikamente dann doch.

Wenn der Umzugstag näher rückt (weniger als eine Woche), kannst du im Badezimmer mit dem Packen anfangen. Lasse die nötigsten Hygieneartikel noch unverpackt. Diese sollten zum Schluss eingepackt werden und bei Ankunft in der neuen Wohnung auch leicht zugänglich sein.

Falls du eine Waschmaschine oder ähnliche Geräte hast, lasse sie besser, wie auch die Spülmaschine, von einem Fachmann ausbauen.

7.3.5. Umzugskisten packen in Garage / Keller / Dachboden / Gartenhaus

Hier kannst du früh mit dem Packen beginnen, weil hier normalerweise Sachen sind, die du nicht so oft brauchst. Viele dieser Sachen sind allerdings schwer zu packen.

Maschinen und Geräte werden entleert (Diesel, Benzin usw.), bevor sie eingepackt werden. Sofern es geht, sollten sie in Kartons gepackt und aufrecht stehend gelagert und transportiert werden, damit keine Treibstoffreste auslaufen.

Falls du viele sperrige Sachen wie Fahrräder, Rasenmäher, Gartengeräte usw. hast, brauchst du womöglich ein extra großes Umzugsfahrzeug, da sich diese Sachen kaum flächensparend transportieren lassen.

7.4. GEPACKTE UMZUGSKARTONS AUS DEM WEG RÄUMEN – ABER NICHT ZU WEIT

Gepackte Kartons kannst du stapeln. Normalerweise lassen sich drei Kartons übereinander gestapelt gut mit einer Sackkarre befördern. Der schwerste Karton sollte oben sein, wenn du eine Sackkarre benutzen willst. Bewahre die gepackten Kartons in einem leeren oder wenig benutzten Raum auf, damit sie vor dem Umzugstag nicht im Weg stehen. Stelle die Kartons nicht auf den Dachboden, in den Keller oder nach draußen, da sowohl die Kartons als auch deren Inhalt von der Kälte und der Feuchtigkeit beschädigt werden können.

7.5. STARTKARTON / STARTKOFFER PACKEN

Wenn du den Umzug hinter dir hast, wirst du erschöpft sein und erstmal entspannen wollen. Damit du auch die Chance dazu hast und nicht gleich mit dem Auspacken beginnen musst, packe für jedes Familienmitglied einen Startkoffer oder einen Startkarton ein, und noch einen separaten für die ganze Familie. Darin sollten Dinge für die ersten paar Tage sowie Dinge für den Notfall enthalten sein:

Geschirr, Besteck, ein paar Kochutensilien und Lebensmittel für den ersten Tag im neuen Heim.

- Kleidung für ein bis zwei Tage
- Bettwäsche
- Handtücher
- Pflegeartikel
- Ausweispapiere
- Verträge
- Wichtige Medikamente
- Kosmetik

Diese Kartons/ Koffer sollten am besten im eigenen Auto transportiert werden oder zuletzt in den Umzugswagen gestellt werden. Sie sollten zudem sehr gut markiert sein, damit sie leicht wiedergefunden werden können.

7.6. ZUM SCHLUSS MITZUNEHMEN

Denke daran, dass du einige Dinge bis zum Schluss in der alten Wohnung zur Hand haben musst und in der neuen Wohnung gleich zu Beginn. Folgendes solltest du also nicht in die Umzugskartons packen, sondern jederzeit bereithalten:

- Putzmittel
- Mopp, Wischeimer und Lappen
- Staubsauger
- Stuhl oder Hocker
- Stifte
- Notizblock
- Werkzeug
- Große Müllsäcke und Plastiktüten

7.7. UMZUGSFAHRZEUG BELADEN

Damit dein Umzug reibungslos vonstattengeht, solltest du die Beladung des Fahrzeuges planen. Folgendes gilt es dabei zu beachten:

Beginne mit den größten Möbelstücken und fülle dann die Zwischenräume mit kleineren Möbelstücken und Kartons auf. Du kannst den Platz effektiv nutzen, indem du vorstehende Möbelteile (Griffe, Beine usw.) abmontierst.

Um eine Beschädigung der Möbel zu vermeiden, sollten sie mit Spanngurten oder Ähnlichem gesichert werden. Strapazierfähige, weiche Unterlagen wie Flickenteppiche oder Filz kann man auf den Boden legen, aber auch an die Wände und zwischen die Möbel stopfen, damit sie nicht beschädigt werden.

Möbel, die in denselben Raum gehören, packt man am besten zusammen ins Umzugsfahrzeug, damit bei Ankunft in der neuen Wohnung alles an einem Fleck ist.

Um zu ermitteln, wie groß das Fahrzeug sein muss, solltest du davon ausgehen, dass ein Umzugskarton ungefähr 0,5 Kubikmeter beansprucht. Schätze dann, wie viele Möbel du hast. Je größer das Auto, umso einfacher lässt es sich be- und entladen, was den Umzug natürlich vereinfacht. Falls du ein kleines Fahrzeug hast, passt vielleicht nicht alles hinein und du musst mehrmals hin- und herfahren. Wenn du dir nicht sicher bist, solltest du also das größere Fahrzeug wählen. Wenn du selber fahren willst, musst du allerdings darauf achten, dass man das Fahrzeug mit deiner Führerscheinklasse fahren darf. Leichte Lkw darf man mit Führerscheinklasse B fahren, aber für größere Lkw brauchst du einen Fahrer mit Führerscheinklasse C. Beauftragst du ein Umzugsunternehmen, entfällt dieses Problem natürlich, da das Umzugsunternehmen die Größe des benötigten LKW gut abschätzen kann und sich um den Transport kümmert.

8. STARTKARTON(S) PACKEN

© Can Stock Photo Inc. / racorn

Das Packen des Startkartons für den Umzug ist ein wichtiger Punkt der Umzugsvorbereitungen. Wenn du es richtig machst, kann es dir viel Zeit und Stress am Umzugstag ersparen. Es gibt einfach ein paar Dinge, die du am Umzugstag und in den Tagen danach griffbereit haben musst, besonders, falls du mit Partner, Kind und/ oder Hund und Katze in ein neues Heim umziehst. Eine gute Vorbereitung ist wahres Gold wert.

Kisten und Umzugskartons zu packen, wird für einige Tage vor dem Umzug deine Hauptbeschäftigung sein. Bei der folgenden Checkliste geht es speziell um das Packen der Überlebenstasche für den Umzug. Ob du dazu eine Tasche, einen Karton oder einen Koffer verwendest, bleibt natürlich dir überlassen. Wichtig ist der Inhalt. Es ist der einzige Karton, der nicht nach Raum oder Kategorie gepackt ist. Hier kommen die Sachen für deinen persönlichen Bedarf bunt gemischt rein. Hast du das Lieblingskuscheltier deines Kindes, Pflaster und Desinfektionsmittel sofort bei der Hand, wenn danach verlangt wird, dann wird sich der Umzugstag einfacher bewältigen lassen, ohne dass du am nächsten Tag zehn neue graue Haare entdeckst.

8.1. WAS IN DEM ÜBERLEBENSKOFFER NICHT FEHLEN DARF

Notwendigkeiten, die du sicher am selben Tag des Umzugs oder am nächsten Tag brauchen wirst, gehören unbedingt in diesen Startkoffer. Zum Beispiel eine Zahnbürste und Zahnpasta sowie andere Pflegeprodukte, die du täglich benutzt. Wenn du am Abend vor dem Schlafengehen erst alle Badezimmer-Umzugskisten aufmachen und durchsuchen musst, dann wird plötzlich so etwas Simples wie Zähneputzen zu einer lästigen Angelegenheit, und außerdem liegen am Abend des Umzugstages die Nerven sowieso meist bereits blank. Frische Unterwäsche und Socken sowie Snacks und Getränke sollten ebenfalls in der Tasche einen Platz finden.

Der Umzugstag ist immer etwas stressig und hat auch meistens ein paar Überraschungen auf Lager, denen man mit dem richtigen Packen einer Überlebenstasche für den Umzug perfekt gewappnet gegenüber treten kann. Quasi ein "Survival Kit", um für alle Eventualitäten vorbereitet zu sein und, um ewiges Gesuche in Umzugskartons am großen Tag auf einem Minimum zu halten.

Diese Überlebenstasche oder Startkoffer ermöglichen es dir, den ersten Tag im neuen Zuhause etwas entspannter zu erleben und nicht gleich mit dem Auspacken zu beginnen. Packe für jedes Familienmitglied einen separaten Notfallkoffer für den Umzug, und noch einen zusätzlichen für die ganze Familie. Darin sollten Dinge für die ersten paar Tage sowie Dinge für den Notfall enthalten sein.

In dieser Checkliste findest du einen Überblick über die Dinge, die du in den Koffer packen solltest. Lies sie dir durch und personalisiere sie nach deiner persönlichen Lebenssituation (wenn du keine Kinder hast, dann muss natürlich der Lieblingsteddy auch nicht mit), und schon kann es ans Packen der Überlebentasche für den Umzug gehen.

☐ Tägliche Gebrauchsgegenstände

Die Dinge, die du Zuhause mindestens einmal pro Tag in die Hand nimmst, gehören meist auch in diese Umzugsüberlebenstasche:

- Zahnbürste
- Zahnpasta
- Täglich verwendete Pflegeprodukte (Cremes, Bürste, Kosmetik)
- Deodorant, Duschutensilien und Handtuch
- Klopapier
- Kleidung und Unterwäsche zum Wechseln für den nächsten Tag (eventuell auch für ein paar Tage, falls du dir mit dem Auspacken der Umzugskartons etwas Zeit lassen willst)
- Wenn notwendig, einen Schlafsack oder Decken und Kissen, um die erste Nacht im neuen Zuhause zumindest mit ein wenig Komfort genießen zu können. Wird das Bett bereits am ersten Tag aufgebaut sein, denke daran, die Bettwäsche in diesem Startkoffer griffbereit zu haben.

☐ Essen und Trinken

So ein Umzug kann sehr anstrengend sein. Hydriert zu bleiben und den Hunger unter Kontrolle zu haben, wird die Schlepperei ein wenig angenehmer gestalten:

- Genügend Wasser für dich und deine Umzugshelfer
- Power-Riegel, Äpfel oder andere Snacks für zwischendurch – ratsam ist es auch, im Vorhinein schon eine Pizzeria oder ähnliches ausfindig zu machen, wo du dann ein vollwertiges Gericht nach Hause bestellen kannst. Selbst am Umzugstag zu kochen ist meist unnötiger Zusatzstress.
- Take-Out Menüs aus der neuen Wohngegend
- Falls du doch lieber etwas schnelles selber kochen willst, vergiss nicht, Geschirr, Besteck, ein paar Kochutensilien und die nötigen Lebensmittel für den ersten Tag in den Überlebenskoffer einzupacken.

☐ Ausrüstung für den Notfall

Die Hoffnung ist natürlich, dass diese Dinge am Umzugstag nicht gebraucht werden. Aber auf Unfälle vorbereitet zu sein, ist wichtig. Es werden schwere und auch zerbrechliche Gegenstände von A nach B transportiert. Ein gewisses Verletzungsrisiko besteht dabei natürlich immer. Darum solltest du folgende Utensilien in den Notfallkoffer packen:

- Ein gut ausgestatteter Erste-Hilfe-Koffer mit verschiedenem Verbandszeug und Desinfektionsmittel
- Kopfschmerztabletten
- Allgemeine Schmerztabletten
- Medikamente, die für dich oder die Leute, mit denen du umziehst, wichtig sind. Das könnten zum Beispiel eine EPI-Pen, Insulin oder Asthmaspray sein. Im Notfall sollte man diese Dinge auf jeden Fall bei sich tragen.

☐ Was sonst noch in die Überlebenstasche kommt

- Ladegerät für das Handy
- Ladegerät für den Laptop
- Eventuell ein Set von Geschirr und Besteck, ansonsten Plastikteller
- Für den Koffein-Liebhaber sollte auch die Kaffeemaschine extra gekennzeichnet verpackt werden.
- Allzweckreiniger und Putzlappen
- Taschenlampe
- Kleine Werkzeugkiste mit Schraubenzieher & Co. Am ersten Tag in einer neuen Wohnung gibt es oft noch die eine oder andere Schraube zum Nachziehen.

☐ Unterlagen und andere Papiere

- Mietvertrag der neuen Wohnung
- Wichtige Ausweispapiere und Dokumente (wie zum Beispiel Reisepass), um sicher zu gehen, dass diese im Umzugschaos nicht verloren gehen.
- Vertrag mit dem Umzugsunternehmen, falls einer beauftragt wurde.
- Andere wichtige Verträge
- Stift und Papier, damit etwaige Mängel und Schäden in der neuen Wohnung, aber auch andere Dinge, festgehalten werden können.
- Genügend Bargeld

☐ Survival Kit für die Kinder

Wenn man mit Kindern umzieht, dann muss man nicht mehr nur sich selbst am Umzugstag bei Laune halten. Sollte der Nachwuchs auf einmal unbedingt das Lieblingsstofftier haben wollen, dann ersparst du dir viele Kindertränen und auch Nerven, wenn du dieses gleich griffbereit hast. Organisiere dir eventuell jemanden, der während dem Umzug auf die Kinder aufpasst. Die Oma ist oft sehr geeignet für diesen Umzugsjob.

- Lieblings-Stofftier oder Spielzeug
- Kindersnacks
- Bei Babys und Kleinkindern, Wickeltasche und Babynahrung
- Kinderbuch oder ein Spiel zur Beschäftigung der Kleinen

☐ Überlebenstasche für das Haustier

Es empfiehlt sich, den Hund oder die Katze für ein bis zwei Tage bei vertrauten Menschen unterzubringen, damit der Umzugsstress nicht auf das Tier übertragen wird. Stellt sich diese Möglichkeit nicht, dann solltest du Folgendes griffbereit einpacken:

- Futter und Wasser
- Lieblingsspielzeug
- Hundedecke/Bettchen – schaffe ein Rückzugsgebiet für deinen vierbeinigen Begleiter in Mitten im Umzugschaos

9. UMZUG MIT KINDERN

Sein ganzes Leben in neue vier Wände zu verfrachten ist schon ohne Nachwuchs oft eine echte Herausforderung. Für die Kleinen ist so ein Umzug aber ebenfalls kein "Kinderspiel". Die Entscheidung für den Umzug wird von den "Großen" gefällt und manchmal ist auch eine Trennung der Eltern der Grund für den plötzlichen Ortswechsel. Kurz gesagt: Stress pur auch für die Kinder. Darum sollte in die Vorbereitung auf den großen Umzugstag mit Kindern ein wenig Zeit investiert werden. Das Thema sollte angesprochen werden und je nach Alter, und Persönlichkeit des Kindes muss bewusst auf die Sorgen und Ängste eingegangen werden.

Die folgende Checkliste ist aufgeteilt in die Zeiträume „vor dem Umzug", „Umzugstag" und „nach dem Umzug". Gute Vorbereitung ermöglicht einen reibungslosen Ablauf des Umzugsgeschehens. Als Eltern hat man wirklich alle Hände voll zu tun und ein wenig Hilfe von Oma oder einem Kindermädchen könnte am Umzugstag von großem Vorteil sein. Natürlich muss der Umzug nicht nur Stress und Angst für Kinder bedeuten, sondern man kann auch einige Aspekte in Unterhaltung für die Kleinen umwandeln. Mit dieser Checkliste für den Umzug mit Kindern bist du also bestens dafür gewappnet, dieses beginnen zu können.

9.1. Vorbereitung auf den Umzug

☐ Umzugsdatum festlegen

Bei Schulpflichtigen Kindern ist ein Umzugsdatum in den großen Ferien zu empfehlen. Damit können Kinder ein Schuljahr mit den alten Freunden und im gewohnten Umfeld abschließen, bevor ein neues Kapitel ihres Lebens anfängt.

☐ Suche das Gespräch mit den Kindern

Besprich die Umzugspläne und Gründe mit deinen Kindern. Je älter deine Kinder sind, desto besser ist es, schon früh mit ihnen das Gespräch zu suchen.

☐ Positive Einstellung als Eltern

Du als Elternteil musst positiv mit dem Thema Umzug umgehen, wenn du eine positive Einstellung von den Kindern willst.

☐ Lasse auch negative Emotionen zu

Es ist wichtig, Sorgen und Ängste der Kinder wahrzunehmen und ernst zu nehmen. Besonders Kinder im jugendlichen Alter sind oft mit einem Umzug am Anfang nicht sonderlich glücklich. Als Elternteil ist hier das Zuhören ganz besonders wichtig.

☐ Suche nach neuem Kindergarten oder Schule

Beginne mit der Schul- bzw. Kindergartensuche schon Monate im Voraus. Besonders, wenn du in eine beliebte Großstadt ziehst, kann es oft eine echte Herausforderung sein, den Kindern den Platz in der gewünschten Ausbildungsstätte zu besorgen.

Erkundige dich über Schulbezirke. Organisiere vielleicht einen Schnuppertag in der neuen Klasse. Das hilft später dann mit dem schnelleren Einleben.

Das Schulsystem ist Ländersache! Bei einem Umzug in ein neues Bundesland solltest du genauere Informationen über dort geltende Lehrpläne einholen, um zu vergleichen, wie ähnlich diese mit denen deiner Kinder sind.

☐ Plane den Abschied

Wenn der Abschied von der gewohnten Umgebung und den alten Freunden sehr schwer für deine Kinder ist, kannst du auch ein kleines Abschiedsfest in der alten Wohnung organisieren. Versichere deinen Kindern auch, dass Freunde immer auch in der neuen Wohnung zu Besuch kommen dürfen.

☐ Packe eine Kinder-Umzugstasche

Alle wichtigen Dinge, die du am besten griffbereit haben solltest, werden in diese Tasche gepackt. Wenn das Kind nach dem Lieblingsstofftier verlangt und du es sofort zur Hand hast, ersparst du dir mit Sicherheit einiges an Nerven und auch an Kindertränen.

- Bei Kleinkindern: Windeln und Babynahrung
- Lieblingsstofftier/ Spielzeug
- Buch oder anderes Spielzeug zur Beschäftigung
- Unterwäsche und Schlafanzug zum Wechseln für den nächsten Tag
- Ein paar Snacks und Getränke

9.2. DER UMZUGSTAG

☐ Eventuell ein Kindermädchen besorgen

Besonders, wenn die Kinder noch sehr klein sind, macht es sich oft bezahlt, am Umzugstag noch zwei extra Arme und Augen zur Aufsicht zu haben. Die Omas oder Patentanten und -onkel sind oft hervorragend für diesen Job geeignet und es erleichtert den stressigen Umzugstag deutlich.

☐ Lasse die Kinder mithelfen

Kinder mögen es, mitzuhelfen und an dem großen Projekt „Umzug" teilzuhaben. Lasse sie zum Beispiel ihre eigenen Stofftiere einpacken. Lasse sie auch einige Entscheidungen machen. Auch im Kinderzimmer muss bestimmt entrümpelt werden. Lasse das Kind selbst entscheiden, welche Spielsachen es an andere Kinder verschenken möchte.

☐ Kinder selbst mitgestalten lassen

Auch bei der Einrichtung können Kinder gut mitentscheiden. Welche Wandfarbe hätten sie am liebsten? Vielleicht kann das Kind sogar eine kleine Ecke im neuen Zimmer selbst streichen. Werden neue Möbel gekauft, nimm deine Kinder mit ins Möbelgeschäft und lasse sie mitentscheiden. Und auch bei der Positionierung der Möbel im Kinderzimmer darf das Kind natürlich mitreden.

☐ Kinderzimmer kindersicher machen

Das sollte bereits am Umzugstag selbst eine Priorität sein. Ist dein Nachwuchs noch im Kleinkinderalter, dann muss das Zimmer auch sobald wie möglich altersgerecht eingerichtet sein.

☐ Rückzugsgebiete für die Kinder

Der erste Raum, der umzugskistenfrei sein sollte, ist das Kinderzimmer. Damit können sich die Kleinen schneller zuhause fühlen, und eventuelle Unfallquellen werden aus dem Weg geschaffen.

9.3. NACH DEM UMZUG

☐ Neues Zuhause feiern

Das neue Zuhause sollte als etwas Positives wahrgenommen werden. Nehmt euch die Zeit, um ganz bewusst mit euren Kindern den Beginn des neuen Lebensabschnittes zu feiern.

- Essen bestellen: Es gibt zur Feier des Tages auch einmal Cola und Pizza
- Mit einem Glas Orangensaft auf die neue Wohnung anstoßen
- Das Lieblings-Familienspiel auspacken und eine Stunde lang miteinander spielen

- Gemeinsam Pläne für Hausverschönerungen schmieden

☐ Spielplatz suchen

Gehe mit deinen Kindern durch die Nachbarschaft spazieren und schaut, wo es öffentliche Spielplätze, Kinos oder gar Freibäder gibt.

☐ Stellt euch den Nachbarn vor

Vielleicht versteckt sich ja hinter einer Nachbarstür auch eine junge Familie mit Kindern und es kann der Beginn einer langen Freundschaft werden.

10. KINDERSICHERES ZUHAUSE

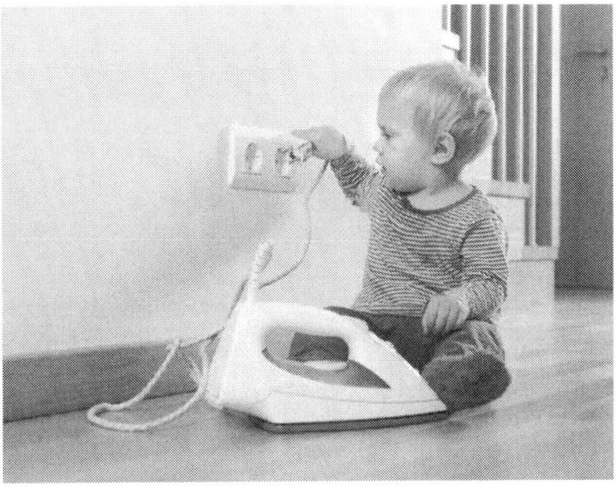

Hast du ein kleines Kind, musst du besonders gut achtgeben auf die Kindersicherheit, sowohl beim Umzug als auch in der Wohnung. Denn die meisten Unfälle passieren da, wo man sich am sichersten fühlt – Zuhause. Besonders für Kinder können die eigenen vier Wände gefährlich werden. Stürze und Zusammenstöße stehen an der Tagesordnung. Aber auch schwerwiegende Unfälle mit Schnittverletzungen, Verbrennungen, Vergiftungen und, besonders bei Kleinkindern, Ertrinken kommen leider viel zu häufig vor.

Kleine Kinder sind wunderbare, neugierige Menschen, die großen Spaß am Entdecken. Dabei sind die Kleinen oft abgelenkt, haben es eilig und sind übermütig – Von Gefahrbewusstsein keine Spur.

Sicherlich – Mit Aufpassen, Erklären und Erziehung lassen sich die meisten Unfälle vermeiden. Doch oft braucht man nur drei Sekunden wegzuschauen und schon ist ein Unfall passiert.

10.1. KINDERSICHERES ZUHAUSE RAUM FÜR RAUM

Die folgende Checkliste zeigt dir, was du tun kannst, um deine Wohnung kindersicherer zu gestalten. Raum für Raum verrät sie dir, wo du vielleicht Eckenschutz anbringen könntest oder wo eine Absperrung hilfreich ist. Oft reichen schon kleine Änderungen aus, wie zum Beispiel, Medikamente und Putzmittel in einen höheren Ort zu verlegen oder die Schubladen mit Sicherheitssperren zu versehen.

Mit dieser Checkliste kannst du dein neues Zuhause von Anfang an kindersicher gestalten und einräumen. Aber auch für den eigentlichen Umzug findest du hier Ratschläge, um den Umzugstag möglichst stressfrei und sicher für deine Kinder zu verbringen.

☐ Kindersicheres Zuhause in allen Räumen

Kleine Kinder sind neugierig und haben einen großen Spaß am Entdecken von Dingen, an die Erwachsene nicht einmal einen Gedanken verschwenden. Sie fassen alles an. Und Klettern ist sowieso ihre Lieblingsbeschäftigung. Auch wenn man immer im gleichen Raum mit dem Kind ist, braucht man manchmal nur kurz wegzusehen oder einfach nicht nah genug am Kind zu sein, und schon ist etwas passiert. Mit einigen Änderungen in der Wohnung kann man aber für viel mehr Sicherheit sorgen. Folgende Maßnahmen sollten in allen Räumen getroffen werden:

- Türen werden mit einem Klemmschutz und Türstoppern versehen, falls das Kind sie auf eigene Faust öffnen kann.
- Schließe alle Räume ab, in denen Kinder nichts zu suchen haben.
- Niedrig sitzende Steckdosen werden mit einer Kindersicherung geschützt.

- Lege Antirutschmatten unter die Teppiche, damit diese nicht auf dem Boden gleiten.
- Achte darauf, dass alle Fenster geschlossen sind oder von Kindern nicht geöffnet werden können. Stelle auch sicher, dass die Außentür und die Balkontür verschlossen sind. Türen und Fenster sollten nicht mehr als 10 cm weit geöffnet werden können. Es gibt dazu spezielle Sicherungen zu kaufen. Eine weitere Möglichkeit ist, ein kindersicheres Netz außerhalb der Fenster anzubringen. So kannst du die Fenster ruhigen Gewissens öffnen, ohne dir Sorgen um das Kleinkind zu machen.
- Statte die Wohnung/ das Haus mit ausreichend Brandmeldern aus, so dass ein auftretender Brand entdeckt wird – egal, wo der Alarm ausgelöst wird. Stelle auch sicher, dass Feuerlöscher an verschiedenen Orten im Haus befestigt werden, so dass im Brandfall immer einer in der Nähe ist.
- Falls die Heizung wärmer als 60 Grad wird, solltest du einen Heizungsschutz montieren, um Verbrennungen zu vermeiden.

☐ Badezimmer

Im Badezimmer besteht besonders große Unfallgefahr. Es geschieht relativ oft, dass man hinfällt – und hast du gewusst, dass Kinder bei bereits 10 cm Wasser ertrinken können? Lasse deine Kinder nie unbeaufsichtigt in einem Badezimmer!

- Die Badewanne/ Dusche sollte mit einer Antirutschmatte versehen werden.
- Haken auf dem Toilettendeckel verhindern, dass das Kleinkind selbst den Toilettendeckel öffnen und sich einklemmen kann.
- Verwahre Medikamente, Putzmittel und Kosmetika außerhalb der Reichweite von Kindern. Stelle sie immer so hoch wie möglich.

Noch besser ist es, sie in einem abschließbarem Schrank zu verstauen.

- Elektrische Geräte wie Föhn, elektrische Zahnbürsten oder Rasierapparat sollten nicht der Nähe von Waschbecken, Dusche und Badewanne liegen.
- Es ist von Vorteil, wenn alle Wasserarmaturen mit einem Thermostat ausgestattet sind, um das Risiko von Verbrennungen zu vermeiden, für den Fall, dass das Kind es schaffen sollte, das Wasser selbst aufzudrehen. Verringere, wenn möglich, die Wassertemperatur im ganzen Haus.
- Im Bad gibt es jede Menge harte Kanten. Vermeide Stolperfallen mit Teppichen und Ähnlichem und lege nach Möglichkeit Schutzabdeckungen auf hervorstehende Kanten.
- Kinder ziehen gerne an Handtüchern, Bademänteln und allem, was hängt. Sorge dafür, dass die Haken und Halterungen ordentlich fest sitzen, falls sie in Reichweite deines Kindes sind.
- Entferne den Schlüssel aus der Badezimmertür. Damit verhinderst du, dass sich dein Kind versehentlich einsperrt. Im Ernstfall musst du das Badezimmer immer schnell betreten können.

☐ Küche

In der Küche gibt es viele potentielle Gefahren für Kleinkinder. Man hantiert mit heißen Kochtöpfen, benutzt Bratpfannen und scharfe Messer. Neugierige Kinder erforschen alles und wollen unbedingt mithelfen. So machst du deine Küche kindersicher:

- Sorge dafür, dass der Herd Plattenschutz hat und dass der Herdgriff kindersicher ist. Der Ofen sollte einen Öffnungsschutz haben. Es ist auch gut, wenn der Herd mit einem Herdschutzgitter versehen ist.

- Die Außenseite der Ofentür darf nicht heißer als 60 Grad werden, um Verbrennungen des Kindes zu vermeiden. Dazu gibt es Hitzeschutz für das Backofenfenster.
- Schubladen und Schranktüren sollten Sicherheitssperren haben, so dass diese nicht von Kindern geöffnet werden können – ebenso der Kühlschrank und die Tiefkühltruhe.
- Verwahre alle Chemikalien außerhalb der Reichweite von Kindern. Stelle sie immer ganz oben auf die Schränke, auch wenn alle Unterschränke Sicherheitssperren haben.
- Messer dürfen sich nicht innerhalb der Reichweite von Kindern befinden. Sorge dafür, dass sie in eine Schublade mit Sicherheitssperren oder in einem hohen Küchenschrank gelegt werden.
- Sorge dafür, dass Elektrogeräte und Kabel außerhalb der Reichweite von Kleinkindern sind. Kinder ziehen gerne an Sachen, die niedrig hängen. Kürze die Kabel und räume Kleingeräte gleich nach Gebrauch weg.
- Sei extra vorsichtig mit warmem Essen und heißen Getränken. Kinder verbrühen sich viel leichter als Erwachsene.

☐ Wohnzimmer und Schlafzimmer

Das Wohnzimmer mag harmlos für Kinder erscheinen, aber Tatsache ist, dass es dort viel Spannendes für Kleinkinder gibt, die gerne alles erforschen.

- Sorge dafür, dass keine scharfen oder schweren Gegenstände, die kaputt gehen können, innerhalb der Reichweite der Kinder stehen.
- Versieh scharfe Tisch- und Regalkanten mit Eckenschutz.
- Befestige die Bücherregale mit Winkelbeschlägen an den Wänden oder versieh sie mit Kippschutz. Auch hohe Lampen und andere stehende Gegenstände sollten am Boden oder an anderen Möbeln befestigt werden.

- Entferne giftige Pflanzen, sodass Kinder diese nicht in den Mund bekommen können.
- Falls die Wohnung einen offenen Herd oder Kachelofen hat, solltest du dafür sorgen, dass Kinder nicht in die Nähe kommen können, um das Risiko für Verbrennungen zu verringern. Verwahre auch Streichhölzer und Feuerzeug außerhalb der Reichweite der Kinder.
- Befestige alle Kabel, die entlang des Fußbodens liegen, sodass Kinder nicht an ihnen ziehen und so einen Unfall verursachen können. Am besten verwendest du einen Kabelkanal.
- Die Schnüre von Jalousien und Gardinen sollten ordentlich aufgeknüpft werden. Kinder können in diesen erwürgt werden. Vermeide auch lange Gardinen, die die Kleinen dazu verleiten könnten, damit zu spielen. Oder achte darauf, dass die Gardinen fest sitzen.
- Alkohol wegschließen

☐ Treppe und Flur

Wenn die Kleinen mit dem Kriechen und Krabbeln anfangen, kann die Treppe plötzlich zur Lebensgefahr werden. Treppen sind für Kinder bis zum fünften Lebensjahr gefährlich.

- Sorge dafür, dass die Treppe einen Treppenzaun hat – oben und unten.
- Hat die Treppe ein Geländer, sollten die Lücken abgedeckt werden, falls sie mehr als 7,5 cm breit sind, damit das Kind nicht zwischen ihnen steckenbleibt.
- Die Öffnungen zwischen den Treppenstufen sollten abgedeckt werden, falls sie größer als 10 cm sind, sodass das Kind nicht hineinfallen oder dazwischen steckenbleiben kann.
- Glatte Treppenstufen sollten mit Antirutschmatten versehen werden.

☐ Während des Umzuges

Du solltest nicht nur das neue Zuhause kindersicher machen, sondern auch an die Sicherheit der Kinder während des Umzuges selbst denken. Ein Umzug kann für ein Kind, das regelmäßig essen und schlafen muss und seine Routine braucht, sehr belastend sein. Gleichzeitig stellt ein Umzug einen riesen Abenteuerspielplatz dar.

- Stapel die Umzugskartons nicht zu hoch aufeinander, falls die Kinder Zugang zum Zimmer haben. Sie können umkippen. Es ist klug, alle Kartons in ein Zimmer zu stellen, zu dem die Kinder keinen Zugang haben.
- Sorge dafür, dass Werkzeuge und Ähnliches außerhalb der Reichweite der Kinder verwahrt werden. Lasse sie niemals offen liegen, sondern nutze eine spezielle Schublade für die Verwahrung von Werkzeug, die ein kindersicheres Schloss haben sollte.
- Sorge auch dafür, dass Messer, Kleinkram, Reinigungsmittel und Medikamente außerhalb der Reichweite der Kinder verwahrt werden – auch während des Umzuges.
- Verschließe die Umzugskartons ordentlich, sodass Kinder sie nicht öffnen können.
- Beziehe die Kinder mit ein. Sie können leichte Sachen, wie zum Beispiel ihr Spielzeug, selbst tragen.
- Versuche, den Umzug so zu organisieren, dass das Kinderzimmer zuerst eingerichtet ist. So haben die Kinder gleich einen Rückzugsort.
- Auch wenn die Versuchung, neue Möbel für das neue Heim zu kaufen, groß ist, warte lieber noch mit dem Kauf neuer Kinderzimmermöbel. Das vertraute Bettchen und andere Möbelstücke bieten den Kleinen Geborgenheit in der neuen, unbekannten Umgebung.

11. ENDREINIGUNG

Wenn es ums Putzen beim Auszug geht, gibt es viele Unklarheiten und Missverständnisse. Im Vertrag steht oft, dass die Wohnung „besenrein" sein muss beim Auszug. Doch was bedeutet „besenrein"? Einfach nur durchkehren, oder gehört doch mehr dazu? Im Allgemeinen gilt: Beim Auszug muss die Wohnung so übergeben werden, wie sie beim Einzug übernommen wurde. Das bedeutet, sauber, ordentlich und ohne Schäden. Alle Gegenstände, die nicht zur Wohnung gehören, müssen raus. Glatte Böden müssen gekehrt werden, Teppiche müssen gesaugt werden. Spinnenweben müssen entfernt werden, auch im Keller. Musst du die Wohnung besenrein übergeben, brauchst du keinen Staub zu wischen und auch die Fenster müssen nicht geputzt werden. Befinden sich jedoch starke Verschmutzungen auf den Fenstern, wie zum Beispiel Rückstände von Aufklebern oder Klebeband, müssen diese beseitigt werden. Das gleiche gilt für stark verkalkte Flächen im Badezimmer oder Fettspuren in der Küche. Gehört die Einbauküche zur Wohnung, sollte sie geputzt werden.

Und Vorsicht! Nicht in jedem Mietvertrag ist die Klausel angegeben, dass die Wohnung „besenrein“ übergeben werden muss. In einigen Mietverträgen verpflichtet sich der Mieter zur gründlichen Endreinigung. Achte also unbedingt auf die Formulierung in deinem Mietvertrag.

In der folgenden Checkliste erhältst du Tipps für eine gründliche Endreinigung. Falls deine Wohnung nur „besenrein“ übergeben werden muss, brauchst du nicht allen Punkten der Checkliste zu folgen. Jedoch empfehlen wir, das Putzen beim Auszug so ordentlich wie möglich durchzuführen, damit es bei der Wohnungsübergabe keine Probleme mit dem Vermieter gibt.

Ist der Vermieter mit dem Zustand der Wohnung nicht zufrieden, könnte er die Endreinigung durch eine Reinigungsfirma erledigen lassen und Schadensersatz vom Mieter verlangen. Halte dich also nicht zu sehr an dem Begriff „Besen“ fest und greife zum Beispiel auch zum Wischmopp, wenn du Flecken auf dem Boden siehst.

Das Putzen beim Auszug sollte zudem am besten nach dem Umzug passieren, wenn alles aus der Wohnung getragen ist und keiner mehr rein muss.

11.1. VORBEREITUNG

Entferne alle Möbel und Sachen, die nicht zur Wohnung gehören, aus der Wohnung. Da die Nebengelasse (Garage, Balkon, Keller usw.) auch gereinigt werden müssen, räume auch diese leer. Denke beim Umziehen daran, Reinigungsmittel und Putzutensilien nicht gleich einzupacken und mit in die neue Wohnung zu nehmen. Die Endreinigung findet erst nach dem Umzug statt. Informiere deine Umzugshelfer, dass diese Sachen bis zum Schluss in der alten Wohnung bleiben.

☐ Putzutensilien und Ausrüstung

Hier ist eine Liste von Putzutensilien und anderen Dingen, die du für die Endreinigung benötigen wirst. Denke daran, dass das Wasser und der Strom an dem Tag der Endreinigung noch nicht abgeschaltet sind.

- Lappen und Putzschwämme zum Staubwischen und Reinigen
- Mopps und Wischeimer
- Staubsauger
- Klobürste
- Fensterwischer
- Putzmittel für die verschiedenen Oberflächen (Achtung! Manche Mittel können empfindliche Oberflächen beschädigen)
- Stahlwolle oder Ähnliches für hartnäckige Flecken auf harten Oberflächen
- Kalklöser oder Abflussreiniger für Küche und Bad

☐ Planung

Gehe bei der Endreinigung systematisch vor, damit sie effektiv ist. Reinige zuerst den Keller, die Garage, den Dachboden und den Balkon. Danach kannst du weitere Räume putzen, die du nicht mehr betreten musst. Schließe jeden fertig-geputzten Raum, so dass auch anderen Personen klar ist, dass Betreten verboten ist. Durchgangszimmer und Flure kommen dementsprechend erst zum Schluss an die Reihe.

In den einzelnen Zimmern solltest du mit den Fenstern und den Einbaumöbeln beginnen. Auch Holzoberflächen solltest du zuerst abwischen. Gehe beim Putzen von oben nach unten vor. Es lohnt sich nicht, das Waschbecken zu scheuern, wenn du den Spiegelschrank darüber noch nicht geputzt hast. Das Waschbecken wird dann nur wieder schmutzig, wenn Dreck von oben drauf fällt.

Als nächstes reinigst du die Wände. Erst zuletzt kehrst und wischst du den Boden und schließt die Tür, damit kein neuer Schmutz reingetragen wird.

11.2. IN ALLEN RÄUMEN

☐ Reinigung aller gestrichenen Oberflächen

In jedem Raum gibt es gestrichene oder anderweitig behandelte Oberflächen: Fußbodenleisten, Türrahmen, Deckenleisten, Holzoberflächen usw. Diese solltest du abstauben und alle Flecken entfernen.

☐ Fenster putzen beim Auszug

Alle Fenster müssen geöffnet werden. Die Scheiben sollten von allen Seiten geputzt werden. Die Fensterrahmen müssen abgewischt und alle Flecken entfernt werden. Rollos und Jalousien sollten ebenfalls entstaubt und gereinigt werden.

☐ Türen abwischen

Türen müssen von allen Seiten abgewischt werden. Vergiss nicht die Türgriffe und die Oberseite der Türen, wo sich oft sehr viel Staub ansammelt.

☐ Reinigung der Garderobe und fester Einbauschränke

Garderoben und andere feste Einbauschränke sollten von allen Seiten gründlich gereinigt werden. Dazu benutzt man am besten Putzmittel und einen feuchten Lappen. Falls die Garderobe auch Regalflächen, Metallkörbe,

Stangen oder Ähnliches hat, solltest du auch diese gründlich putzen. Garderoben und Einbauschränke, die nicht bis zur Decke reichen, solltest du auch von oben reinigen. Wische auch die Türen von allen Seiten ab.

☐ Reinigung der Steckdosen und Lüftungsschlitze

Alles, was zur Wohnung gehört – also Steckdosen, Telefonbuchsen, Lichtschalter, Lüftungsschlitze, Sicherungskästen, Regler usw. – sollte gereinigt werden. Stelle den Strom ab, bevor du die Steckdosen reinigst. Falls dies nicht möglich ist, benutze auf keinen Fall feuchte Lappen zur Reinigung von Steckdosen. Lüftungsabdeckungen und Ventile sollten von innen und außen geputzt werden. Hier sammelt sich oft viel Staub und Schmutz an.

☐ Decken, Wände, Heizkörper und Böden säubern

Decken und Wände sollten so sauber wie möglich gemacht werden. Auch hier gilt es, Staub und Flecken zu beseitigen. Die Heizkörper müssen von Staub und Schmutz befreit werden, auch hinter den Heizkörpern. Den Boden sollte man saugen, wischen und Flecken beseitigen.

☐ Sonstiges

Entferne alle Aufkleber, Klebereste und Flecken. Falls noch Nägel oder Haken in den Wänden stecken, ziehe sie raus, es sei denn, es ist mit dem Vermieter oder Nachmieter etwas anderes vereinbart worden. Manchmal überlässt man dem Nachmieter etwas nach Absprache. Alles andere muss aus der Wohnung raus.

11.3. KÜCHE

☐ Entfetten, Abwischen

Da sich in einer Küche Schmutz bildet, muss man sie sehr gründlich reinigen. Benutze für die Küchenschränke und Geräte fettlösende Putzmittel. Falls die Küchendecke gestrichen ist, muss sie von Schmutz und Fett gereinigt werden. Alle abwaschbaren Wände in der Küche sollten geputzt werden. Achte auf die Reihenfolge, um zu vermeiden, dass Dreck von Oberflächen, die du gerade putzt, auf Flächen gelangt, die schon geputzt wurden. Gehe also auch hier von oben nach unten vor.

☐ Kühlschrank und Tiefkühlfach/ Gefrierschrank säubern

Der erste Schritt ist eigentlich klar. Ziehe den Stecker. Räume dann den Kühlschrank, inklusive Gefrierschrank vollständig aus. Taue den Gefrierschrank ab und lasse alle Türen geöffnet. Alle herausnehmbaren Ablagen und Fächer solltest du herausnehmen und spülen. Nun kannst du den Innenbereich des Kühlgerätes mit Reinigungsmittel abwischen. Auch die Außenseiten sollten geputzt werden. Vergiss dabei die Oberseite nicht. Ist der Kühlschrank sauber, schiebe ihn nach vorne und putze die Flächen unter und hinter dem Kühlschrank gründlich. Da hat sich mit der Zeit sicherlich viel Schmutz angesammelt, es sei denn, du machst diesen Schritt bei jedem Wohnungsputz.

☐ Herd, Herdplatten und Ofen putzen

Um den Herd von allen Seiten putzen zu können, solltest du ihn hervorziehen. So kannst du auch den Boden unter dem Herd und die Wand hinter dem Herd putzen. Die Herdoberseite und vor allem die Ränder der Herdplatten können wegen der Fettrückstände und festgebrannter Essensreste sehr hartnäckig sein. Reinige den Ofen von innen und spüle auch alles Zubehör wie die Herdplatten, Roste, Bleche usw. Falls die Ofentür Doppelglas hat, empfiehlt es sich, sie auseinanderzubauen, um die Glasflächen auch von innen zu putzen. Zuletzt putzt man alle eventuell vorhandenen Schränke und Fächer zur Lagerung von Rosten und Blechen von innen und außen.

☐ Dunstabzug reinigen

Der Dunstabzug und die Dunstabzugshaube müssen von allen Seiten gereinigt werden. Die Filter müssen entfettet und gespült werden. Falls die Dunstabzugshaube über einen Kohlefilter verfügt, muss der Filter ausgetauscht werden. Falls es keinen Dunstabzug gibt, müssen alle Lüftungsschlitze sorgfältig von innen und außen gereinigt werden.

☐ Feste Einrichtungsgegenstände putzen

Küchenschränke und Gewürzregale, die in der Wohnung verbleiben, solltest du von innen und außen reinigen. Alle Flecken sollten entfernt werden. Vergiss nicht, die Oberfläche der Schränke zu reinigen. Wische auch die Schranktüren, Türgriffe und Scharniere ab.

☐ Spüle und Spülmaschine reinigen

Die Spüle, das Spülbecken und die Wasserhähne müssen geputzt werden. Achte dabei besonders darauf, Fett und Essensreste sowie Schmutz zu entfernen. Falls nötig, müssen diese auch entkalkt werden. Die Spülmaschine muss von innen und außen gereinigt werden. Vergiss dabei nicht die Ränder der Tür, die oft sehr schmutzig werden. Auch die Spülmaschine muss vielleicht entkalkt werden.

11.4. BADEZIMMER

☐ Dusche und Badewanne putzen beim Auszug

Reinige die Dusche und die Badewanne von allen Seiten. Die Freiräume darunter und dahinter müssen auch geputzt werden. Putze auch die Armaturen, den Duschkopf und den Schlauch und entkalke diese bei Bedarf. Die Abflüsse müssen freigemacht und gesäubert werden.

☐ Spiegel und feste Einrichtungsgegenstände putzen

Putze alle Spiegel, die in der Wohnung bleiben. Feste Einrichtungsgegenstände wie Halterungen für Handtücher und Schränke werden von außen und innen gereinigt.

Vergiss dabei nicht die Oberseiten und die Schranktüren.

☐ Waschbecken putzen

Putze das Waschbecken von allen Seiten. Der Wasserhahn muss geputzt und bei Bedarf entkalkt werden. Die Unterseite und die Biegung im Abflussrohr (Geruchsverschluss) sind oft sehr schmutzig und schwierig zu putzen.

☐ Toilette putzen beim Auszug

Die Toilette solltest du von innen scheuern und von außen putzen. Eine Toilette hat viele schwer zugängliche Stellen, die schwierig zu putzen sind. Fast alle WC-Sitze können entfernt werden, um das Putzen zu erleichtern. Außerdem sollte man hier wirklich pingelig sein und den Bodenbereich um die Toilette herum besonders gründlich reinigen. Dort sammelt sich oft viel

Schmutz an. Falls ein Bidet vorhanden ist, reinige es wie das Waschbecken und die Toilette.

☐ Rohre und Leitungen reinigen

Alle sichtbaren Wasserleitungen müssen gereinigt werden. Normalerweise werden diese nicht so oft geputzt. Sie bestehen oft aus vielen kleineren Teilen und Windungen, an denen sich viel Schmutz ansammelt. Deshalb kann das Putzen von Wasserleitungen recht viel Zeit beanspruchen.

11.5. WASCHKÜCHE / HAUSHALTSRAUM

☐ Waschmaschine und Trockner reinigen

Bleibt die Waschmaschine und/ oder der Trockner in der Wohnung, solltest du diese von innen und außen gut reinigen. Nimm alle Teile raus, die sich entfernen lassen und wasche diese ab. Reinige die Filter der Maschine. Eventuell ist hier eine Entkalkung erforderlich.

☐ Reinigung der Aufbewahrungsgegenstände

Zur Wohnung gehörende Aufbewahrungsgegenstände wie zum Beispiel Wäschekörbe werden von allen Seiten geputzt.

☐ Abflüsse und Wasserleitungen reinigen

Die Abflüsse und Wasserleitungen werden so gereinigt, wie bei dem Punkt „Badezimmer" beschrieben.

11.6. SONSTIGE BEREICHE

☐ Grundstück/ Garten reinigen

Falls zu deiner Wohnung ein Außenbereich gehört, musst du diesen in gutem Zustand übergeben. Dort dürfen sich nur Dinge befinden, die normalerweise in einem Garten zu erwarten sind. Das bedeutet, dass Bauschrott und Müll vom Grundstück entfernt werden müssen.

☐ Balkon und Terrasse säubern

Balkone und Terrassen müssen, wie auch das Grundstück, in gutem Zustand übergeben werden. Schrott, Müll und Krimskrams sollten sich dort also nicht mehr befinden. Der Boden muss abgewaschen werden. Flecken an den Wänden werden entfernt und die Fensterbänke werden abgewischt. Falls der Balkon oder die Terrasse verglast sind, werden auch die Scheiben geputzt. Naturgemäß geht es nicht, einen Balkon oder eine Terrasse so gründlich zu putzen wie die Innenbereiche, aber auch diese Bereiche sollten so gut wie möglich gesäubert werden.

☐ Keller, Speicher und Garage putzen beim Auszug

Den Keller, den Dachboden, die Garage und ähnliche Nebengelasse solltest du vollständig leerräumen. Fege dann den Boden und wische eventuell vorhandene Regale ab.

11.7. EINE REINIGUNGSFIRMA FÜR DIE ENDREINIGUNG BEAUFTRAGEN

Falls du keine Zeit oder keine Energie für das Putzen beim Auszug hast, kannst du alternativ eine Reinigungsfirma für die Endreinigung beauftragen. Hole dazu mehrere Angebote von verschiedenen Reinigungsunternehmen ein, da sich die Preise stark unterscheiden können. Manche Putzfirmen berechnen pauschal pro m^2, andere pro Stunde.

12. WOHNUNGSÜBERGABE

Ein Wohnungsübergabeprotokoll ist ein wichtiges Dokument, das bei jedem Umzug zum Einsatz kommen sollte. Zählerstand und insbesondere der Zustand der Wohnung wird von beiden Parteien (Vermieter und Mieter) und eventuell einem Zeugen gemeinsam begutachtet, in dem Wohnungsübergabeprotokoll notiert und unterschrieben. Über die gesamte Mietdauer hinweg, aber insbesondere bei Auszug des Mieters, können Unstimmigkeiten zwischen Mieter und Vermieter auftreten. Dank des Wohnungsübergabeprotokolls können diese Unstimmigkeiten schnell aufgelöst und somit viel Ärger vermeiden werden.

12.1. DAS WOHNUNGSÜBERGABEPROTOKOLL ALS SCHUTZ FÜR MIETER UND VERMIETER

Das Wohnungsübergabeprotokoll schützt also sowohl den Mieter als auch den Vermieter vor ungerechtfertigten Zahlungen. Wenn das Protokoll genau geführt wird und beide Parteien übereinstimmen und unterschreiben, dann kann es später zu keinen Streitigkeiten kommen, ob ein Schaden schon beim Einzug bestand oder erst durch den Mieter verursacht wurde. Der Mieter kann somit nicht für Schäden belangt werden, die gar nicht während seines Mietverhältnisses entstanden sind. Ebenso kann aber auch der Vermieter mit einem gut geführten Wohnungsübergabeprotokoll sein Eigentum schützen. Im Protokoll wird schnell ersichtlich, ob diverse Schäden beim Einzug noch nicht vorhanden waren und vom Mieter verursacht wurden. Es profitieren also beide Parteien von einer guten Dokumentation.

12.2. WAS GEHÖRT INS WOHNUNGSÜBERGABE-PROTOKOLL?

In einem Wohnungsübergabeprotokoll wird genau festgehalten, in welchem Zustand sich die Mietwohnung beim Einzug und auch beim Auszug befindet. Alle Mängel sollten darin festgehalten werden. Das Protokoll sollte sowohl beim Einzug als auch beim Auszug geführt werden. Folgendes sollte in diesem Schriftstück unbedingt vermerkt werden:

☐ Daten

Datum der Übergabe, Adresse der Wohnung und die anwesenden Personen bei der Wohnungsübergabe sollten genau dokumentiert werden.

☐ Zustand der Wohnung

Vermerke verfärbte Wände, Kratzer im Parkett, Löcher und auch sonstige gravierende Abnutzungserscheinungen am Inventar und den Räumen selbst. Das ist vor allem beim Einzug in eine neue Mietwohnung als Mieter wichtig.

Sollte ein Raum ganz „in Ordnung" sein, sollte das ebenfalls vermerkt werden.

Jeder Raum sollte einzeln begangen, dokumentiert und auf Schäden untersucht werden. Vergiss hierbei auch nicht die Garage oder den Kellerraum, sollten diese Räumlichkeiten mitvermietet werden.

☐ Schlüssel

Notiere die Anzahl der übergebenen Schlüssel und deren Zweck.

☐ Zählerstände

Notiere alle Zählerstände (Gas, Strom, Heizung, etc.) sowohl beim Ein- als auch beim Auszug.

☐ Renovierungen und Reparaturen

Wenn der Vermieter anbietet, diverse Ausbesserungsarbeiten an der Wohnung noch vor deinem Einzug durchzuführen, dann sollte es ebenfalls als Anmerkung im Wohnungsübergabeprotokoll festgehalten werden.

☐ **Unterschrift**

Ganz wichtig ist, dass beide Parteien ihre Unterschrift am Ende des Protokolls setzen. Ansonsten kann es im Streitfall nicht als Beweismaterial für die Sachlage verwendet werden.

12.3. DAS WOHNUNGSÜBERGABEPROTOKOLL IM STREITFALL

Sollte es bezüglich diverser Schäden zu Uneinigkeiten zwischen Mieter und Vermieter kommen, dann muss einfach nur das Protokoll vom Einzug mit dem vom Auszug verglichen werden. Wurde ein Schaden erst im Auszugsprotokoll vermerkt, dann stehen die Chancen hoch, dass der Vermieter entweder Teile der Kaution zur Behebung des Schadens einbehalten kann, oder dass der Mieter sich um die Renovierungsarbeiten vor seinem Auszug noch kümmern muss. Hier sollte noch unbedingt erwähnt sein, dass normale Gebrauchsspuren der Wohnung von verpflichtenden Renovierungsarbeiten ausgeschlossen sind.

Bei einem gut organisierten Umzug sollten also immer zwei Wohnungsübergabeprotokolle erstellt werden, eines für den Einzug und eines für den Auszug. Nimm dir unbedingt genügend Zeit, um dieses Schriftstück gemeinsam mit dem Vermieter zu erstellen. Da Zeit gerade jetzt für dich ein sehr knappes Gut ist, biete ich dir gleich hier ein Musterprotokoll.

12.4. WOHNUNGSÜBERGABEPROTOKOLL MUSTER

Besichtigungsdatum ____________________

☐Protokoll beim Einzug ☐Protokoll beim Auszug

Adresse des Wohnobjektes

Anwesende bei der Wohnungsübergabe

Namen und Adressen

Vermieter ________________________________

Mieter ________________________________

Zeuge 1
(optional) ________________________________

Zeuge 2
(optional) ________________________________

Schlüsselübergabe

Anzahl der Schlüssel _____

Eingangstür _____

Haustür Wohnung _____

Keller _____

Garage _____

Briefkasten _____

Fehlende Schlüssel __________________________

Anmerkungen

Zählerstände bei der Übergabe / Übernahme

Zähler	Zählernummer	Zählerstand
Strom		
Wasser		
Heizung		
Gas		

Anmerkungen

Zustand der Wohnung

Die oben angeführten Personen haben folgende Zustände in der Wohnung vorgefunden:

	In Ordnung	Mängel und Schäden	Anmerkungen
Küche	Ja ☐		
Badezimmer	Ja ☐		
WC	Ja ☐		
Wohnzimmer	Ja ☐		
Schlafzimmer	Ja ☐		
Kinderzimmer	Ja ☐		
Flur	Ja ☐		
Balkon	Ja ☐		
Keller	Ja ☐		
Garage	Ja ☐		

	Ja ☐		
	Ja ☐		
	Ja ☐		
	Ja ☐		

Anmerkungen

Unterschriften

Datum ____________________

Vermieter ____________________

Mieter ____________________

Zeuge 1 ____________________

Zeuge 2 ____________________

13. ADRESSÄNDERUNG

© Fotolia / Thomas Reimer

Ein Umzug beansprucht nicht nur eine gute Planung und körperliche Arbeit, sondern auch einige administrative Tätigkeiten müssen erledigt werden. Die zwangsläufige Adressänderung bei einem Umzug muss den verschiedenen Vertragspartnern und Behörden mitgeteilt werden. Einige Tätigkeiten und Behördengänge können ohne weiteres auch erst nach dem Umzug erledigt werden. Jedoch gibt es auch einige Stellen, die bereits im Vorfeld über die Adressänderung informiert werden sollten.

Diese einzelnen Behördengänge sowie der damit verbundene Zeitaufwand gehört für die meisten Umziehenden zu einer der unbeliebtesten Aufgaben. Die folgende Checkliste kann diese Arbeit zwar nicht spannender für dich gestalten, aber ein guter Überblick über die einzelnen Punkte, die abzuarbeiten sind, wird dir dieses Vorhaben erleichtern.

☐ Ummelden oder Anmelden im Einwohnermeldeamt

Innerhalb der ersten Woche nach dem Umzug in das neue Zuhause musst du einen Besuch im Bürgeramt (Einwohnermeldeamt) abstatten und deinen Wohnort ummelden. Bei Nichteinhaltung der Frist kann ansonsten von den Behörden ein Bußgeld verlangt werden. Gehe am besten persönlich zum Amt. In manchen Verwaltungsbezirken ist es aber auch möglich, die An- oder Ummeldung per Post oder durch eine bevollmächtigte Person durchzuführen. Bringe die notwendigen Unterlagen mit aufs Amt:

- Personalausweise und Reisepässe aller umgezogenen Personen
- Geburtsurkunden der Kinder, die noch keinen Reisepass haben
- Auf Anfrage des Amts: Heirats- oder Partnerschaftsurkunde
- In vielen Städten und Gemeinden kannst du das Um- oder Anmeldeformular auf der Verwaltungsseite herunterladen, ausfüllen und ausdrucken. So sparst du dir Zeit auf dem Amt.

☐ Einen Nachsendeauftrag einrichten

Am besten beauftragst du den Nachsendeauftrag bereits 2-3 Wochen vor dem Umzug. Dies kann einfach über die Webseite der Deutschen Post erledigt werden. Wird deine Post allerdings auch von anderen Lieferfirmen gebracht, solltest du auch bei ihnen einen Nachsendeauftrag einrichten.

☐ Finanzamt benachrichtigen

Informiere das Finanzamt über deine neue Anschrift. Dies ist aber nur notwendig, wenn an der neuen Adresse ein anderes Finanzamt zuständig ist.

☐ Arbeitsamt informieren

Gib die neue Adresse beim Arbeitsamt an, besonders, wenn gewisse Leistungen wie zum Beispiel Arbeitslosengeld bezogen werden.

☐ Familienkasse informieren

Informiere im gegebenen Fall die Familienkasse, um Verzögerungen von Zahlungen zu vermeiden.

☐ KFZ ummelden

Melde dein Kraftfahrzeug auf die neue Adresse um.

☐ GEZ über die Adressänderung informieren

Melde den Umzug auch bei der GEZ.

☐ Adressänderung bei der Bank

Gib die neue Adresse bei der Bank deines Vertrauens an. Hast du Konten oder andere Verträge bei verschiedenen Banken, müssen sie alle schriftlich über die Adressänderung informiert werden. Oft geht dies auch über den Online-Banking-Bereich. Oft ist es sinnvoll, die Bankfiliale zu wechseln. Dies ist der Ort, wo du deine Bankgeschäfte erledigst. Darum sollte die Filiale möglichst nah an deinem Zuhause sein.

☐ Krankenkasse informieren

Informiere die Krankenkasse über die neue Adresse. Achte darauf, welche Bestimmungen deine Krankenkasse dazu hat. Muss es ein offizielles Schreiben sein? Gibt es ein Formular auf der Webseite der Krankenkasse? Oder musst du dich eventuell persönlich in der neuen Geschäftsstelle deiner Krankenkasse melden?

☐ Versicherungen informieren

Setze deine Versicherungen in schriftlicher Form über die neue Adresse in Kenntnis.

☐ Zeitungs- und Zeitschriften-Abos ummelden

Gib bei Zeitschriften oder Zeitungen, die du abonniert hast, die neue Adresse an. Diese sind nämlich von einem Nachsendeauftrag der Deutschen Post ausgenommen.

☐ Internet-, Telefon- und TV-Versorger

Möchtest du den laufenden Vertrag (Verträge, falls es verschiedene Anbieter sind) mit deinem DSL-, Telefon- und TV-Lieferanten behalten? Dann solltest du den Vertragspartner rechtzeitig kontaktieren und die Versorgung auf den neuen Wohnort ummelden.

Achtung: Nicht immer können die Lieferanten die gleichen Leistungen am neuen Wohnort erbringen. In diesem Fall kannst du den laufenden Vertrag außerordentlich kündigen und einen neuen Vertrag abschließen. Hier lohnt es sich, zunächst verschiedene Anbieter zu vergleichen.

14. EINWEIHUNGSPARTY

Nach all dem Umzugsstress sollte nun auf das neue Zuhause mit Freunden und Familie angestoßen werden. Ein Fest zu planen, bringt natürlich auch wieder organisatorische Herausforderungen mit sich, aber mit dieser Checkliste für die Einweihungsparty hast du einen guten Überblick über die zu erledigenden Dinge. Seien wir ehrlich, du hast soeben einen Umzug durchgeführt, da ist so ein bisschen Partyplanung doch eine Kleinigkeit für dich. Außerdem hast du es dir auch wirklich verdient, mit deinen Freunden zusammen den Umzug und das neue Heim einmal so richtig zu feiern.

Es gibt einige wichtige Punkte, die bei der Vorbereitung für dein Fest nicht vernachlässigt werden sollten. Im Vordergrund steht natürlich, dass du die Gesellschaft deiner Liebsten genießen kannst. Diese Party bietet aber auch eine hervorragende Gelegenheit, um dich bei all deinen freiwilligen Helfern der anstrengenden Umzugstage zu bedanken.

14.1. WAS DU BEI DER ORGANISATION DER EINWEIHUNGSPARTY NICHT VERGESSEN SOLLTEST

Setze unbedingt deine Nachbarn über deine Feierpläne in Kenntnis. Da du ja sicher nicht vorhast, dir den Umzugszirkus schon bald wieder anzutun, solltest du dich gut mit den Leuten von Nebenan stellen. Es wäre ein Jammer, wenn aufgrund der Feier gleichzeitig deine Beliebtheit im Wohnhaus auf einen Tiefpunkt sinkt. Am besten lädst du die Nachbarn sogar zur Einweihungsparty ein. So kannst du sie gleich besser kennenlernen und knüpfst vielleicht sogar ein paar Freundschaften am neuen Wohnort.

Essen und Trinken sollte ebenfalls gut vorgeplant sein. Da es meist üblich ist, dass eingeladene Gäste auch noch etwas zu Speis und Trank beisteuern, sollte dies unbedingt im Voraus ein wenig koordiniert werden. Damit gehst du sicher, dass du dann am Abend der Party nicht mit fünf Kisten Bier, aber keinem antialkoholischen Getränk dastehst.

Diese Checkliste für die Einweihungsparty ist eine gute Zusammenfassung der Dinge, die für ein rauschendes Fest zu beachten sind. Wir wünschen dir viel Freude mit deinem neuen Zuhause und hoffen, dass du deine Einweihungsfeier in vollen Zügen genießen kannst.

14.2. EINWEIHUNGSPARTY CHECKLISTE

☐ Ankündigung der Party bei den neuen Nachbarn

Du möchtest sicherlich vermeiden, dass der erhöhte Lärmpegel am Abend deiner Party einen schlechten Start für die neuen nachbarschaftlichen Beziehungen bedeutet. Setze die direkt angrenzenden Nachbarn persönlich über deine Partyplanung in Kenntnis. Lade deine Nachbarn unter Umständen sogar zur Party ein. Hänge zusätzlich das Datum der Party mit einem netten Text am schwarzen Brett im Miethaus aus.

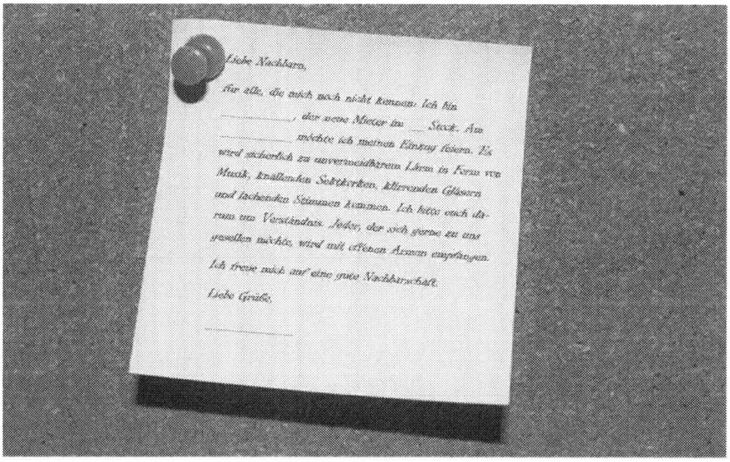

☐ Verschicken der Einladung

Dies kannst du ohne viel Aufwand über ein Facebook-Event oder eine WhatsApp- Gruppe machen. Gehe sicher, dass das Facebook-Event als private Veranstaltung geführt wird. Diejenigen, die weder WhatsApp noch Facebook benutzen (angeblich gibt es davon noch ein paar Leute), kannst du mit einem persönlichen Anruf, einer E- Mail oder sogar einer handschriftliche Einladung auf die Party einladen.

Vergiss nicht, deine neue Adresse in der Einladung zu vermerken.

☐ Stelle einen Budgetplan für deine Einweihungsparty auf

Nach dem teuren Umzug wirst du wahrscheinlich nicht mehr allzu viel Geld für die Einweihungsparty übrig haben. Stelle dir darum dringend ein Limit. Weißt du, wie viel Geld du zur Verfügung hast, kannst du die Einweihungsparty besser planen.

☐ Essen

Bereite kleine Happen/Fingerfood für die Feier vor. Halte dich beim Einkauf an dein vorher aufgestelltes Budget.

Nachdem du eine genaue Einkaufsliste für die Party zusammengestellt hast, koordiniere die etwaigen Mitbringsel deiner eingeladenen Gäste. Dafür bietet sich gleich die Facebook- bzw. die WhatsApp-Gruppe an. Du willst vermeiden, dass am Abend der Party fünf Marmorkuchen, aber kein Salat auf deinem Partybuffet zu finden sind.

Kaufe genügend Servietten und Pappteller ein. Kaufe auch für alle Fälle Plastikbesteck ein. Falls im Laufe der Feier all dein Geschirr schmutzig wird, vermeidest du somit, dass du die Zeit auf deiner eigenen Party mit Geschirrspülen verbringen musst.

☐ Trinken

Halte dich auch beim Einkauf der Getränke an dein vorher aufgestelltes Budget.

Gäste neigen eher dazu, alkoholische Getränke mit auf eine Party zu nehmen. Kümmere dich also darum, dass genügend antialkoholische Optionen bzw. Mixer vorhanden sind.

Überlege dir, in wie weit du Spirituosen auf der Party zulassen willst. Je betrunkener die Gäste werden, desto wahrscheinlicher wird es, dass etwas zu Bruch geht und dein neues Zuhause in Mitleidenschaft gezogen wird. Koordiniere die Mitbringsel deiner Gäste über eine Facebook- oder eine WhatsApp- Gruppe.

☐ Partyunterhaltung

Stelle eine Playliste für die Party zusammen.

Bereite etwaige Partyspiele vor (zum Beispiel verschiedene Brett- und Kartenspiele) oder besorge eine kleine Karaoke Maschine. Du kannst auch eine alternative Gästebuchidee an dem Abend einsetzen. Wie wäre es zum Beispiel mit persönlichem Beschriften von Jenga-Steinen oder mit Polaroid Fotos der eingeladenen Gäste?

☐ Wunschliste erstellen

Deine eingeladenen Gäste werden sich fragen „Was sollen wir schenken?“. Mach es ihnen einfach und erstelle eine Wunschliste. Sehr viele Onlineshops bieten diese Option. Eine große Auswahl an Produkten findest du auf Amazon. Siehst du etwas, dass du gerne hättest, klicke den Button „Auf die Liste“. Füge verschiedene Produkte hinzu und teile diese Liste dann mit deinen Freunden. So vermeidest du, dass du Einweihungsgeschenke bekommst, die du nicht brauchst.

☐ Genieße deine eigene Party

Der Umzug ist geschafft, du hast ein neues Zuhause und deine Freunde sind gekommen, um dies mit dir zu feiern. Genieße es. Der Stress ist vorbei.

☐ Der Tag danach

Vergewissere dich bei deinen Nachbarn, dass sich der Lärm im Rahmen gehalten hat und bringe ihnen unter Umständen ein kleines Dankeschön für ihr Verständnis vorbei. Beseitige nun die Spuren und Überbleibsel der Party und genieße dein neues Zuhause.

15. ENERGIESPARTIPPS

© Can Stock Photo / pixpack

Zugegeben. Dieser Punkt gehört nicht unbedingt auf eine Umzugs-Checkliste. Aber Energiesparen ist ein wichtiges Thema, nicht nur für die eigene Stromrechnung, sondern auch für die Umwelt. Ein Umzug bietet sich darum hervorragend, den guten Vorsatz, weniger Energie zu verschwenden, in der neuen Wohnung auch umzusetzen.

Mit der richtigen Wahl von Haushaltsgeräten und Leuchtmitteln lässt sich viel Energie sparen. Dazu sollten zunächst die Stromfresser zu Hause gefunden werden und dann Maßnahmen ergriffen werden. Bei Verbraucher- und Energieberatungsstellen kannst du nicht nur zahlreiche Energiespartipps erhalten, sondern auch ein Energiekostenmessgerät ausleihen, das dir verrät, welche Geräte in deiner Wohnung zu viel Strom ziehen. Gerade vor einem Umzug ist dieser Schritt sinnvoll, da du diese Stromfresser dann am besten gar nicht erst in die neue Wohnung transportierst, sondern gleich entsorgst und für die neue Wohnung neue, energiesparende Geräte kaufst.

Häufig sind es aber nicht nur die Geräte, die zu unnötigem Stromverbrauch führen. Auch durch ein verändertes Verhalten im Alltag lässt sich einiges an Strom sparen. Es hilft schon, kleine Gewohnheiten zu ändern.

15.1. TIPPS FÜR EINEN SPARSAMEN UMGANG MIT ENERGIE

Wer Strom sparen will, muss sich nicht einschränken und auf Komfort verzichten. Keiner muss im Dunkeln sitzen. Mit Energiesparlampen erhält man genauso viel Licht bei bis zu 80 Prozent weniger Stromverbrauch wie bei den gewöhnlichen, alten Glühbirnen. Auch LED-Lampen haben sich als energieeffizient erwiesen.

Energiesparen kann schon in den kleinsten Alltagsaktivitäten erfolgen. Stelle zum Beispiel aufgewärmte Lebensmittel erst nach Abkühlung und gut Abgedeckt in den Kühlschrank. Benutze beim Kochen einen Deckel und halte den Kühlschrank aufgeräumt. Schalte Geräte aus und nicht nur auf Standby. Vermeide Geräte mit Batterien. Wasche die Wäsche mit warmem, nicht mit heißem Wasser und hänge die Wäsche lieber auf als sie in den Trockner zu stecken.

Benötigst du neue Elektrogeräte, dann achte beim Einkauf auf die Energieeffizienz der Geräte. Labels wie das EU-Energielabel, der Energy Star, TCO oder der Blaue Engel geben Informationen. Und wenn du einen neuen Kühlschrank kaufst, stelle ihn nicht neben den Herd oder die Heizung.

15.2. ENERGIE SPAREN MIT EINEM NEUEN STROMANBIETER

Wenn du Energie sparen willst, solltest du auch unbedingt deinen Stromanbieter unter die Lupe nehmen. Schaue dir Angebote anderer Anbieter an und vergleiche. So kannst du sicherlich einige Euro sparen. Ein Umzug kann ein guter Anlass sein, den Stromanbieter zu wechseln, insbesondere, wenn du bisher vom Grundversorger deiner Stadt versorgt wurdest.

15.3. ENERGIESPARTIPPS BEI DER ENERGIEBERATUNG

Viele Städte oder Verbraucherzentralen haben Energieberater, die der Öffentlichkeit für Fragen rund um Energieeffizienz und Energieeinsparung zur Verfügung stehen. Nimm Kontakt mit der Energieberatung auf, um den Energieverbrauch zu überprüfen und weitere Informationen zu erhalten. Bei vielen Verbraucher- und Energieberatungsstellen kannst du zusätzlich zur Beratung auch ein Energiekostenmessgerät ausleihen, womit du zuhause die Stromdiebe ausfindig machen kannst.

15.4. ENERGIESPARTIPPS FÜR DIE BELEUCHTUNG

Wer Energie sparen will, sollte über die Art der Beleuchtung in der Wohnung nachdenken. Denn je nach Lampe kann der Energieverbrauch stark schwanken. Energiesparlampen wandeln gegenüber herkömmlichen Glühlampen wesentlich mehr Elektroleistung in Licht um, haben einen um rund 70 bis 80 Prozent geringeren Stromverbrauch und eine weitaus höhere Lebensdauer. Dabei helfen uns schon die EU-Gesetze, Energie zu sparen. Seit dem Jahr 2009 herrscht ein stufenweises Herstellungs- und Verkaufsverbot von Glühlampen mit geringer Energieeffizienz. Seit September 2009 wurde schrittweise jedes Jahr eine weitere Leistungsklasse der Glühlampen vom Markt genommen. Seit September 2016 müssen Glühlampen mindestens die Effizienzklasse B haben. Da herkömmliche Glühlampen diese Energieeffizienzklasse nicht erreichen, bedeutet die EU-Regelung einen Ausstieg der herkömmlichen Glühlampen aus dem Markt. Alternativen zur herkömmlichen Glühlampe sind:

Energiesparlampe

Die Energiesparlampe ist die zurzeit wirtschaftlichste Lichtquelle, da sie lange hält und wenig Strom verbraucht. Denn eine Energiesparlampe schafft die gleiche Helligkeit wie eine gewöhnliche Glühlampe mit wesentlich geringerer Leistungsaufnahme. Für die Leistung einer 60 Watt Glühlampe braucht eine Energiesparlampe nur etwa 15 Watt. Du kannst Energiesparlampen überall da einsetzen, wo du bisher z.B. matte Glühbirnen hattest. Sie passen aber nicht so gut, wo du früher klare Glühbirnen hattest. Außerdem lassen sie sich nicht so gut dimmen. Manchmal werden sie nur langsam hell oder flackern. Lies die Verpackung, um zu erfahren, welche Art von Glühbirne durch die Energiesparlampe ersetzt wird. Beachte auch, dass Energiesparlampen nicht in den Hausmüll weggeschmissen werden dürfen, sondern gesondert entsorgt werden müssen.

Halogenlampen

Halogenlampen haben nicht die gleiche Lebensdauer wie z.B. Energiesparlampen, jedoch doppelt so lange wie Glühbirnen. In Punkto Farbtemperatur und Dimmverhalten haben Halogenlampen ähnliche Eigenschaften wie Glühbirnen. Daher sind sie gut geeignet für Bereiche, wo sofort volle Leuchtkraft gewünscht ist und wo man sich nur kurz aufhält. Der Stromverbrauch ist zwar geringer als bei der Glühlampe, allerdings höher als bei der Energiesparlampe.

LED-Lampen

LED-Lampen haben eine sehr lange Lebensdauer, niedrige Wattzahlen und die Lichtausbeute liegt deutlich höher als bei Glühlampen. Der Vorteil gegenüber Energiesparlampen liegt darin, dass LED-Lampen ihre volle Helligkeit ohne Verzögerung erreichen. Da sie sich außen kaum erwärmen, ist die Verbrennungsgefahr gering. Wer Kinder hat, kann daher den Kauf von LED-Lampen für niedrig sitzende Leuchten in Betracht ziehen. Als Ersatz für Glühbirnen sind LED-Lampen wegen ihrer hohen Anschaffungskosten noch nicht geeignet. Man geht davon aus, dass LED-Lampen mit der Zeit die energieeffizienteste Alternative sein werden.

Der richtige Umgang mit Licht

- Benutze Zeitschaltgeräte oder Bewegungsmelder, um die Beleuchtung automatisch ein- und auszuschalten.
- Benutze an geeigneten Stellen Dimmer.
- Schalte das Licht aus, wenn du einen Raum verlässt.
- Falls du noch herkömmliche Glühlampen zu Hause hast, benutze sie in Räumen, in denen das Licht nur unregelmäßig und für kurze Zeit eingeschaltet wird, wie zum Beispiel Abstellräumen oder Keller.
- Achte beim Kauf von Lampen auf die Energieeffizienzklasse, Lebensdauer, Schaltfestigkeit, Farbtemperatur, Anlaufzeit und weitere Gebrauchseigenschaften.

15.5. ENERGIESPARTIPPS FÜR DIE HEIZUNG

Die Heizung verbraucht im Haushalt am meisten Energie (etwa 70 Prozent). Senke darum die Raumtemperatur. Jeder Grad weniger bedeutet weniger Energieverbrauch. Heize nur nach Bedarf. Nachts muss es zum Beispiel nicht so warm sein. Insbesondere wenn du das Haus verlässt, kannst du die Heizung niedriger stellen. Halte die Türen zwischen Räumen mit unterschiedlichen Gradeinstellungen geschlossen.

Achte auch darauf, dass die Heizkörper frei sind, also nicht mit Möbeln zugestellt sind, oder mit Vorhängen verdeckt.

Auch das Thema Lüften ist wichtig. Lüfte lieber kurz und intensiv, als dass du die Fenster und Balkontüren lange gekippt oder angelehnt lässt. Öffne die Fenster für einige Minuten, am besten mit Durchzug. Drehe vor dem Lüften die Heizung runter.

Um Zugluft zu vermeiden, sollten die Fenster gut abgedichtet sein.

Lasse am Anfang jeder Heizsaison Wartungsmaßnahmen wie zum Beispiel Heizungswartung durchführen. Dies führt zu Energieeinsparungen.

Benutze Thermostatventile. Sie halten die Temperatur konstant auf dem gewünschten Wert, auch wenn die Sonne ins Zimmer scheint. Neben klassischen Thermostatköpfen gibt es auch programmierbare Thermostate, bei denen man die Heizzeiten einstellen kann.

Schließe nachts Rollläden, Fensterläden und Gardinen, um Wärmeverlust durch Fenster zu vermeiden.

15.6. ENERGIESPARTIPPS FÜR DIE RAUMKÜHLUNG

Wenn es im Sommer heiß ist, kann es gerade in Stadtwohnungen über 30 °C werden. Klimaanlagen sind teuer, nicht nur beim Kauf, sondern auch in ihrem Energieverbrauch. Mit ein paar Tricks lässt sich die Raumtemperatur aber auch ohne Klimaanlage auf einem angenehmen Niveau halten:

- Halte die Fenster tagsüber komplett geschlossen, damit die warme Außenluft nicht in die Wohnung dringen kann.
- Lüfte die Wohnung nachts oder in den Morgenstunden.
- Benutze Außenrollläden tagsüber als Sonnenschutz. Falls du keine hast, verdecke die Fenster mit Innenjalousien, Fallrollos oder Vorhängen.
- Ventilatoren erwecken den Eindruck einer kühleren Raumtemperatur.
- Pflanzen kühlen die Innentemperatur und sorgen für ein angenehmeres Innenklima.
- Schalte nicht benutzte Geräte in den Räumen ab. Diese produzieren Wärme.

15.7. ENERGIESPARTIPPS FÜR ELEKTROGERÄTE

Moderne Geräte sind effizienter und verbrauchen oft weniger Strom als ältere Modelle. Kontrolliere deine Haushaltsgeräte wie den Kühlschrank, die Tiefkühltruhe, die Waschmaschine, den Trockner, den Backofen usw. Suche nach Energielabels wie dem Energy Star, Blauer Engel, Euroblume oder TCO. Alle neuen Haushaltsgeräte sind zudem mit dem EU-Energielabel versehen, das die Energieeffizienzklasse des Geräts zeigt. Achte insbesondere beim Neukauf auf diese Kennzeichnung. Mit einem A+++

Geschirrspüler verbrauchst du rund 30 Prozent weniger Strom als mit einem vergleichbaren Modell der Klasse A.

Informiere dich beim Neukauf von Geräten über deren Energieverbrauch. Vergleiche auch den absoluten Verbrauch der Geräte. Dieser ist meist als Jahresenergieverbrauch angegeben. Hilfreich ist es auch, Testberichte zu lesen, z.B. von Stiftung-Warentest.

Kühlgeräte sollten nicht neben Wärmequellen stehen, also nicht neben dem Herd, Heizung oder an Stellen mit direkter Sonneneinstrahlung.

15.8. ENERGIESPARTIPPS FÜRS KÜHLEN VON LEBENSMITTEL

- Stelle Kühl- und Gefriergeräte möglichst in wenig oder unbeheizten Räumen auf.
- Erhöhe die Kühlschrank- oder TK-Temperatur um ein paar Grad und der Stromverbrauch sinkt. Eine Temperatur von 7°C im Kühlschrank und -18°C im Gefriergerät reicht völlig aus.
- Räume den Kühlschrank aus bevor du für längere Zeit verreist und schalte ihn ab.
- Taue die Tiefkühltruhe regelmäßig ab.
- Halte die Rückseite von Kühlschrank und Tiefkühltruhe staubfrei.
- Halte eine gute Übersicht in deinem Kühlschrank. Das verhindert, dass die Kühlschranktür zu lange geöffnet bleibt und dadurch warme und feuchte Luft in das Gerät gelangt.
- Stelle erhitztes Essen erst in den Kühlschrank, wenn es abgekühlt ist.
- Stelle Lebensmittel nur abgedeckt in den Kühlschrank und friere Lebensmittel nur gut verpackt ein. Denn aus Wasser und Luft bildet

sich in Kühlgeräten Reif. Je dicker die Reifschicht ist, desto höher ist der Stromverbrauch.

15.9. ENERGIESPARTIPPS FÜRS KOCHEN UND BACKEN

- Gasherde kochen wesentlich umweltfreundlicher als Elektroherde. Die Temperaturen lassen sich individueller regeln und die Restwärmeverluste sind wesentlich geringer.
- Benutzt du einen Elektroherd, stelle die Elektroplatten beim Kochen nur am Anfang auf Höchstleistung und stelle sie dann auf eine niedrige Stufe. Zum Garen reicht das aus.
- Stelle die Kochplatten kurz vor Ende des Kochvorgangs aus und nutze die Restwärme.
- Die Mikrowelle ist für das Erwärmen kleinerer Essensmengen effizienter.
- Beim Backen kann auf das Vorheizen oft verzichtet werden.
- Versuche beim Backen gleich mehrere Gerichte im Backofen zuzubereiten.
- Benutze beim Kochen Deckel. Ohne Deckel entweichen mehr Wärme und Wasserdampf und der Kochvorgang dauert länger.
- Erhitze Wasser im Wasserkocher, bevor du auf dem Herd kochst. Benutze dabei nur die Wassermenge, die du benötigst.
- Taue Lebensmittel, die du aus dem Tiefkühlschrank/ -fach nimmst, langsam im Kühlschrank auf, anstatt Geräte dazu zu verwenden.
- Mit Schnellkochtöpfen kannst du bis zu 50 Prozent Energie und Zeit sparen.

15.10. ENERGIESPARTIPPS FÜR ANDDERE ELEKTROGERÄTE

- Schalte elektrische Geräte vollständig aus. Lasse sie nicht einfach nur auf Standby. Wenn Fernseher, Videorekorder, Stereo-Anlagen und ähnliche Geräte auf Standby geschaltet sind, warten sie permanent auf das Signal zum Einschalten. Das verbraucht unnötig Strom.
- Benutze eine Mehrfachsteckdose mit Schalter, um mehrere elektrische Geräte einfach gleichzeitig vom Stromnetz zu trennen. Denn auch wenn das Gerät ausgeschaltet ist, zieht es Energie, wenn es nicht vom Netz getrennt ist.
- Vermeide soweit es geht die Nutzung von Geräten mit Batterien. Elektrische Energie aus AA Batterien ist mindestens 300 Mal teurer als Energie aus dem Netz. Verwende für diese Geräte lieber wieder aufladbare Batterien. Achte beim Kauf von aufladbaren Batterien auf das Umweltzeichen Blauer Engel.
- Limitiere die Benutzung von Akkugeraten. Kleingeräte wie Telefon, Rasierapparate und elektrische Zahnbürsten mit direktem Netzanschluss verbrauchen deutlich weniger Strom.

15.11. DIE NUTZUNG VON HEIßEM WASSER

- Beim Duschen verbrauchst du weniger Wasser und Energie als bei einem Bad.
- Stelle nur volle Wasch- und Spülmaschinen an.
- Wasche bei niedriger Temperatur, falls das Geschirr/ die Wäsche nicht sehr dreckig ist.
- Wasche nicht unter fließendem Wasser ab.

- Stelle das Wasser ab, während du die Zähne putzt, rasierst oder dich einseifst.
- Verwende Sparduschköpfe und Sparwasserhähne. Tausche die Dichtungen in den Hähnen aus, sobald sie undicht sind.

15.12. TROCKNEN UND WASCHEN

- Hänge die Wäsche zum Trocknen auf, anstatt einen Trockner zu benutzen. Falls du nicht die Möglichkeit hast, deine Wäsche draußen aufzuhängen, solltest du die Wohnung während des Trocknens mehrmals stoßlüften.
- Lässt sich die Benutzung des Wäschetrockners nicht vermeiden, stelle eine möglichst hohe Schleuderzahl ein, um die Trockenzeit zu verringern und Strom zu sparen.
- Belade die Waschmaschine möglichst voll, wenn du nicht Fein- oder Wollwäsche wäschst.
- Waschen bei 40°C spart etwa 35 bis 40 Prozent Strom gegenüber einem Waschvorgang mit 60°C.

16. SCHLUSSWORT

Die deutsche Gesellschaft verändert sich und wird immer mobiler. Beruflich wird in vielen Unternehmen eine große Flexibilität von den Mitarbeitern erwartet und die Bereitschaft zu einem Standortwechsel. Aber auch im privaten Leben entscheiden sich Menschen heute häufiger fürs Umziehen als früher, sei es, weil die Familie wächst, weil man sich in der aktuellen Wohnung nicht wohl fühlt, gezwungenermaßen wegen einer Trennung, aus finanziellen Gründen, Problemen mit dem Vermieter oder erfreulicherweise wegen der Entscheidung, mit dem Partner zusammenzuziehen.

Die Gründe für einen Umzug können sehr vielfältig sein. Doch all diese Menschen stehen ähnlichen Aufgaben gegenüber. Sie alle müssen die Hindernisse auf dem Wohnungsmarkt bewältigen. Dies ist eine sehr belastende Zeit. Man befindet sich in einer Art Zwischenraum. Von der aktuellen Wohnung hat man sich schon innerlich verabschiedet und die neue Wohnung ist noch nicht gefunden. Wir Menschen brauchen ein Zuhause, um uns wohl und geborgen zu fühlen. In der Umzugszeit fühlen wir uns darum häufig verlogen.

Wir legen viel Bedeutung in unsere vier Wände. Sie zu verlassen, heißt auch, einen Teil des bisherigen Lebens zu verlassen. Deswegen ist ein Umzug nicht nur eine körperliche Belastung, sondern auch eine psychische. Manche Menschen bekommen sogar eine sogenannte Umzugsdepression. Diese kann so stark sein wie der Verlust eines nahestehenden Menschen, je nachdem, wie stark man sich mit dem bisherigen Wohnort identifiziert hat. Es herrscht das Gefühl vor, einen Teil von sich selbst zu verlieren.

Geht es dir gerade so, hilft es dir vielleicht, zu wissen, dass du nicht alleine bist. Jährlich ziehen etwa 10 Prozent aller Deutschen um. Sie alle haben mit ähnlichen Problemen zu kämpfen.

Wichtig ist es, eine positive Einstellung zum Wohnortswechsel einzunehmen. Sicherlich fällt der Abschied nicht leicht, aber dieser Umzug kann auch der Beginn eines wunderbaren Lebensabschnitts sein – eine Chance, einige Dinge besser zu machen und neue, gute Gewohnheiten einzuführen. Gibt es etwas, das du schon lange machen wolltest, aber immer neue Ausreden gefunden hast, es nicht zu tun? Beginne damit jetzt! Informiere dich über Aktivitäten in der Nachbarschaft und gehe hin. Hast du Kinder, gehe auf den Spielplatz und lerne andere Eltern kennen. Hast du einen Hund, gehe viel mit ihm spazieren und finde einen Park, in dem Hunde-Treffen an Nachmittagen stattfinden. Neue Leute kennenzulernen wird dir gut tun und bei der Eingewöhnung helfen.

Weiterhin bietet ein Umzug eine hervorragende Möglichkeit, mal sein Leben neu zu ordnen. Das fängt schon beim Entrümpeln seiner Sachen an. Beim Packen stoßen wir auf viele Sachen, die irgendwann mal einen Nutzen oder einen persönlichen Wert hatten, jetzt aber keinen Gebrauch und keinen Sinn mehr finden. Dinge, die schon lange nicht gebraucht wurden, können entsorgt werden. Aber auch Erinnerungsstücke an frühere Beziehungen und Freundschaften, denen man keine Bedeutung mehr beimisst, will man in der neuen Wohnung vielleicht keinen Platz mehr schenken. Dieses Aufräumen lässt uns zwar sehr in Erinnerungen schweifen, aber die Entscheidung, gewisse Erinnerungsstücke in den Mülleimer zu schmeißen, ist auch eine Entscheidung, die alten Erlebnisse in der Vergangenheit zu lassen und so Platzt zu schaffen für neue Erlebnisse. Und wo lassen sich diese besser schaffen als am neuen Wohnort, in einer neuen Wohnung mit leeren Räumen, die nur darauf warten, mit neuem Leben gefüllt zu werden?

Ist der Umzug erstmal geschafft, kann der neue Lebensabschnitt beginnen. Freue dich darauf!

Vielen Dank fürs Lesen

Printed in Poland
by Amazon Fulfillment
Poland Sp. z o.o., Wrocław

83509835R00080